I0137840

HISTOIRE DE FRANCE

—

COURS ÉLÉMENTAIRE

I 39
4
861
A

Nº 103

Tout exemplaire qui ne sera pas revêtu des trois signatures
ci-dessous sera réputé contrefait.

Les Éditeurs,

[signatures]

CHEZ LES MÊMES ÉDITEURS

Histoire.

Histoire de France. — Cours préparatoire (illustré).
— Cours élémentaire (illustré).
— Cours moyen (illustré).
— Cours supérieur (illustré).
Chronologie de l'Histoire de France.

Géographie.

Géographie-Atlas. Cours préparatoire.
— Cours élémentaire.
— Cours moyen.
— Cours supérieur.
Méthodologie de Géographie.
Géographie. Cours élémentaire.
— Cours moyen.
— Cours supérieur.
Atlas B, C, D, E, in-quarto, contenant 30, 50, 100 et 150 cartes.

Histoire sainte
et Histoire de l'Église.

Histoire sainte. Cours élémentaire illustré.
Histoire sainte. Cours moyen illustré.
— Cours supérieur.
Précis d'Histoire de l'Église (avec illustrations).

Langue française.

Leçons de Langue française. Cours élémentaire.
— Cours moyen.
— Cours supérieur.
— Cours complémentaire.
Grammaire élémentaire de la Langue française.
Grammaire abrégée de la Langue française (C. moyen et supérieur).
Grammaire de la Langue française (maître).
Cours élémentaire d'Orthographe.
Cours intermédiaire d'Orthographe.
Exercices orthographiques (1re année).
— (2e et 3e année).
Grammaire française (Cours moyen et supérieur).
Cours d'Analyse grammaticale et logique.

Arithmétique.

Arithmétique. Cours élémentaire.
— Cours moyen.
— Cours supérieur.
Exercices de calcul.
Recueil de Problèmes sur les quatre règles.
Nouveau traité d'Arithmétique décimale, contenant plus de 2000 probl.

Sciences physiques et naturelles.

Notions d'Histoire naturelle : Zoologie, Botanique et Géologie.
Notions de sciences physiques et naturelles à l'usage des aspirants au brevet de capacité.

COLLECTION D'OUVRAGES CLASSIQUES

RÉDIGÉS EN COURS GRADUÉS

CONFORMÉMENT AUX PROGRAMMES OFFICIELS

HISTOIRE DE FRANCE

COURS ÉLÉMENTAIRE

PAR F. F.

CHEZ LES ÉDITEURS

TOURS	PARIS
ALFRED MAME & FILS	CH. POUSSIELGUE
IMPRIMEURS - LIBRAIRES	RUE CASSETTE, 15

Tous droits réservés

AVERTISSEMENT

Le **Cours élémentaire d'histoire** *se divise en quatre-vingt-dix leçons, dont chacune comprend un* texte résumé, *un récit,* des explications *de mots,* un questionnaire *et l'indication d'un* devoir.

Le texte résumé se compose de trois ou quatre alinéas très courts. L'ensemble de ces textes forme un petit abrégé d'histoire de France que l'élève doit étudier par cœur.

Le récit, précédé d'une gravure ou d'une carte, expose quelque fait particulier rappelé dans le résumé, ou donne la biographie d'un personnage historique. Le professeur pourra se contenter de le faire raconter, sans exiger une récitation littérale.

L'explication des mots donne le sens général ou particulier de quelques termes peu familiers aux enfants. Le maître devra s'assurer que ces explications sont comprises; au besoin, il les complétera et en donnera de nouvelles. En effet, plusieurs mots importants ne sont pas définis, ou le sont d'une manière insuffisante: comment faire comprendre à de jeunes enfants ce qu'est une république, *une* légende, *un* précepteur, *le* vote par tête *ou par* ordre *etc., sans recourir à des exemples ou à des comparaisons d'une certaine longueur? Le but de cette troisième partie n'est donc pas d'amoindrir le rôle du professeur, mais de donner à l'élève un résumé des explications entendues en classe.*

Un questionnaire *et l'indication d'un* devoir *terminent chaque leçon.*

Puisse ce modeste travail être utile à l'enfance en **lui faisant aimer davantage Dieu et la patrie !**

INTRODUCTION

Chers Enfants,

Vous aimerez ce petit livre parce qu'il vous racontera l'histoire de la France, notre patrie. Vous y apprendrez comment Dieu éleva au premier rang des nations le pays autrefois barbare que vous habitez aujourd'hui.

Ce pays eut d'abord pour maîtres les **Gaulois**, puis les **Romains** et les **Francs**. En 496, Clovis victorieux se convertit, ses guerriers l'imitèrent, et la foi chrétienne devint la religion des Francs.

Charlemagne vint ensuite : fidèle à l'Église et à son chef, il étendit au loin son autorité. Les évêques, les conciles et les moines fondèrent partout des églises et des écoles. La France vit naître la **chevalerie** et entreprit les **Croisades**, ces *travaux de Dieu exécutés par les Francs*.

Notre patrie marcha alors à la tête des nations. Dieu lui-même la sauva en des jours de détresse en suscitant **Jeanne d'Arc**.

Des rois illustres : **saint Louis, Charles V, François Ier, Henri IV, Louis XIII, Louis XIV**; de grands capitaines : **Godefroy de Bouillon, Du Guesclin, Bayard, Turenne, Condé**, tous fidèles à la foi de Jésus-Christ, augmentèrent de siècle en siècle, avec nos grands écrivains et nos savants, la gloire de la France.

Mais vint un temps où les institutions séculaires furent détruites par une révolution sanglante.

Napoléon releva le pays en relevant les autels; il rendit ainsi à la patrie une partie de sa force et de sa gloire. Cependant il ne triompha pas entièrement des causes de division, de haine et de désordre qui continuent d'affaiblir notre bien-aimée patrie : elle a revu naguère des jours mauvais et perdu deux provinces.

Chers enfants, en étudiant cette belle et touchante histoire de la Patrie, votre mère, vous apprendrez à l'aimer, à vous dévouer pour elle; et afin de lui rendre la force par l'union, la gloire par la vertu, vous vous direz : Je veux vivre en bon chrétien, comme mes pères, pour être, comme eux, bon Français.

PREMIÈRE PARTIE
LES GAULOIS ET LES FRANCS

1re LEÇON. — LA GAULE

1. Notre beau pays s'appelle la France. Il y a deux mille ans, on l'appelait la Gaule, et ses habitants se nommaient les Gaulois.

2. La Gaule avait les mêmes limites que la France actuelle [1], excepté au nord-est, où elle s'étendait jusqu'au Rhin [2] et à la mer du Nord.

3. Elle était donc plus grande que la France, mais beaucoup moins riche et moins peuplée.

Huttes gauloises.

RÉCIT. — Aspect [3] de la Gaule.

1. La Gaule était couverte de vastes forêts où vivaient en grand nombre les loups, les sangliers, les ours et les bœufs sauvages.

2. Le sol était mal cultivé, et ne se couvrait pas de belles récoltes comme de nos jours. La principale richesse des habitants consistait en nombreux troupeaux errant en liberté.

3. Les maisons ou huttes [4] gauloises ne comprenaient

qu'une seule pièce [5]. Elles étaient rondes, construites en bois ou en terre et couvertes de chaume [6] ou de branchages ; une seule ouverture, la porte, livrait passage à l'air et à la lumière.

4. Les villes, peu nombreuses, s'élevaient presque toujours sur des collines faciles à fortifier [7] et à défendre. Les villages étaient dispersés [8] au milieu des forêts ou sur le bord des rivières. Il n'y avait

Carte de la Gaule.

pas de belles routes comme aujourd'hui : les villes et les villages n'étaient reliés à travers les forêts que par de longs sentiers.

Explication des mots.

1. **La France actuelle** : la France telle qu'elle est de nos jours. — 2. **Rhin** : grand fleuve qui prend sa source en Suisse et se jette dans la mer du Nord. Il traverse maintenant l'Allemagne ; mais à cette époque il séparait la Gaule de la Germanie. — 3. **Aspect** de la Gaule : ce qu'on voyait en Gaule. — 4. **Hutte** : petite cabane étroite et basse. — 5. Une seule **pièce** : une seule chambre. — 6. **Chaume** : paille. — 7. **Fortifier** : entourer une ville ou un château de fossés et de murailles, afin que l'ennemi ne puisse y entrer facilement. — 8. **Dispersés** : éloignés les uns des autres.

Questionnaire. — *Leçon.* — **1.** Quelle est notre patrie ? Comment l'appelait-on autrefois ? — **2.** Quelles étaient les limites de la Gaule ? — **3.** La Gaule était-elle plus grande que la France actuelle ?

Récit. — **1.** Quel était l'aspect de la Gaule ? — **2.** Quelle était la richesse des habitants ? — **3.** Comment étaient les maisons ? — **4.** Où se trouvaient les villes, les villages ? Quels chemins les reliaient entre eux ?

Devoir. — Dites ce que vous voyez dans la gravure placée en tête du récit.

2e LEÇON. — LES GAULOIS

4. Les Gaulois étaient grands, forts et courageux.

5. Ils accueillaient les voyageurs avec empressement, et leur donnaient une hospitalité [1] généreuse.

6. Mais, avec ces belles qualités, les Gaulois avaient aussi des défauts : ils étaient légers, querelleurs, inconstants [2], curieux à l'excès et grands parleurs.

La récolte du gui par les druides.

RÉCIT. — Les Druides.

1. Les Gaulois ne connaissaient pas le vrai Dieu. Leurs prêtres s'appelaient **druides**, et leur religion était le *druidisme*.

2. Les druides habitaient dans les forêts. Ils étaient à la fois prêtres, juges, médecins et éducateurs de la jeunesse.

3. Les druides croyaient à l'immortalité de l'âme [3]. Ils adoraient particulièrement **Teutatès**, dieu de la guerre. Ils avaient plusieurs autres dieux, et leur immolaient quelquefois des victimes humaines [4].

4. A côté des druides, il y avait des prêtres moins puissants appelés **bardes**. Les bardes excitaient les guerriers dans les combats, en chantant les exploits des chefs célèbres de la nation.

5. Les Gaulois n'avaient point de temples : c'est au milieu des plus sombres forêts que les druides offraient leurs sacrifices et accomplissaient les autres cérémonies de leur culte [5].

6. Les Gaulois vénéraient [6] particulièrement le *gui* [7] du chêne, et lui attribuaient le pouvoir de guérir toutes les maladies.

7. Sa récolte était la principale cérémonie du culte druidique. Quand on avait découvert quelque rameau de gui sur un chêne, on gardait l'arbre avec soin. La dernière nuit de l'année, le chef des druides, vêtu de blanc, montait sur le chêne merveilleux et coupait le gui avec une faucille d'or. Au pied de l'arbre, d'autres druides, aussi vêtus de blanc, recevaient la plante sacrée sur une étoffe de lin. On en distribuait aux assistants, et la fête se terminait par un grand repas.

Explication des mots.

1. **Hospitalité** : service qu'on rend à un étranger en le logeant et en le nourrissant pour rien. — 2. **Inconstant** : qui change souvent de résolutions. — 3. **Immortalité de l'âme** : qualité qui rend l'âme non sujette à la mort. — 4. **Leur immolaient des victimes humaines** : faisaient mourir des hommes pour honorer leurs faux dieux. — 5. **Culte** : religion. — 6. **Vénéraient** : traitaient avec un respect religieux. — 7. **Gui** : petite plante toujours verte qui pousse sur certains arbres tels que le pommier, le peuplier, le chêne.

Questionnaire. — *Leçon.* — 4, 5. Quelles étaient les qualités des Gaulois ? — 6. Quels étaient les défauts des Gaulois ?

Récit. — 1. Les Gaulois connaissaient-ils le vrai Dieu ? — 2. Où habitaient les druides ? Quelles étaient leurs fonctions ? — 3. Que savez-vous de la croyance des druides ? — 4. Qu'appelait-on bardes ? — 5. Les Gaulois avaient-ils des temples ? — 6. Pourquoi vénéraient-ils le gui ? Qu'est-ce que le gui ? — 7. Comment se faisait la récolte du gui ?

Devoir. — Dites ce que vous savez des druides et des bardes.

3e LEÇON. — GUERRES DES GAULOIS

7. Les Gaulois étaient passionnés [1] pour les combats. Ils ne craignaient pas la mort et combattaient la poitrine nue.

8. Ils étaient divisés en un grand nombre de peuplades, trop souvent en guerre les unes contre les autres, ce qui affaiblit beaucoup leur puissance.

9. Ils firent aussi plusieurs expéditions [2] lointaines : les plus célèbres furent celles d'Orient et d'Italie. En Italie, ils prirent et brûlèrent la ville de Rome.

Brennus jette son épée sur la balance où l'on pèse la rançon des Romains, et s'écrie : *Malheur aux vaincus !*

RÉCIT. — Expéditions des Gaulois.

1. La bravoure des Gaulois étonnait les plus vaillants guerriers de l'antiquité [3].

2. Dans leur expédition d'**Orient**, ils pénétrèrent en **Grèce** et menacèrent les États [4] d'Alexandre le Grand, roi de Macédoine [5]. Ce puissant guerrier voulut les inti-

mi er[6], mais il en reçut cette fière réponse : *Nous ne craignons qu'une chose, c'est que le ciel ne tombe sur nos têtes.* — *Les Celtes*[7] *sont fiers,* reprit Alexandre, et il fit alliance avec eux.

3. En **Italie,** les Gaulois fondèrent **Milan** (600 ans avant Jésus-Christ). Plus tard, conduits par **Brennus,** ils marchèrent contre Rome. A leur approche, presque tous les habitants, saisis d'épouvante, prirent la fuite. Les plus courageux, seuls, s'étaient enfermés dans le Capitole[8] pour le défendre.

4. Les Gaulois entrèrent dans la ville abandonnée, la livrèrent aux flammes, et assiégèrent le Capitole. Après sept mois de siège, les défenseurs du Capitole, voyant que les vivres allaient leur manquer, s'engagèrent à payer mille livres d'or aux Gaulois pour les décider à lever le siège.

5. Au moment où l'on pesait cette rançon[9], les Romains se plaignirent de ce qu'on employait de faux poids. Pour toute réponse, Brennus jeta sa lourde épée dans la balance, en s'écriant : *Malheur aux vaincus!* Les Romains souffrirent cette insulte en silence, mais ils se préparèrent à la venger (390 ans avant Jésus-Christ).

Explication des mots.

1. Étaient **passionnés** : aimaient beaucoup. — 2. Plusieurs **expéditions** : plusieurs guerres loin de leur pays. — 3. L'an**tiquité** : les temps anciens, avant Jésus-Christ. — 4. Les **États** : le royaume. — 5. **Macédoine** : contrée au nord de la Grèce. — 6. **Les intimider** : leur faire peur. — 7. Les **Celtes :** les Gaulois. — 8. Le **Capitole** : citadelle ou forteresse de Rome. — 9. **Rançon** : somme exigée d'un prisonnier pour qu'il soit mis en liberté.

Questionnaire. — *Leçon.* — 7. Les Gaulois aimaient - ils la guerre? — 8. Les Gaulois formaient-ils un seul peuple? — 9. Parlez de leurs expéditions lointaines.

Récit. — 1. Quelle était la réputation de bravoure des Gaulois? — 2. Racontez l'entrevue des Gaulois avec Alexandre le Grand. — 3. Dites leurs exploits en Italie. — 4. Comment les Romains obtinrent-ils le départ des Gaulois? — 5. Qu'arriva-t-il au moment où l'on pesait la rançon.

Devoir. — La prise de Rome par les Gaulois.

4e LEÇON.

LA CONQUÊTE DE LA GAULE PAR LES ROMAINS

10. Rome fut bientôt rebâtie. Elle devint la capitale d'une puissante république, et résolut de conquérir la Gaule.

11. Nos ancêtres [1] se défendirent avec courage, néanmoins ils furent vaincus parce qu'ils n'étaient pas unis.

12. Un habile général romain, Jules César, soumit la Gaule après une guerre de huit années ; Vercingétorix, chef des Gaulois, fut assiégé dans Alésia [2] et obligé de se rendre (51 ans avant Jésus-Christ).

Vercingétorix se livre à César pour sauver ses compatriotes assiégés dans la ville d'Alésia.

RÉCIT. — Vercingétorix.

1. **Vercingétorix** était un jeune chef des **Arvernes** ou habitants de l'Auvergne.

2. Après avoir uni la plupart des tribus [3] gauloises, il marcha contre **César** et le battit à **Gergovie** [4]; mais il fut ensuite cerné par l'armée romaine et enfermé dans la ville d'**Alésia**.

3. César fit creuser de larges fossés et planter des lignes de pieux tout autour de son camp. Il put ainsi repousser les sorties de Vercingétorix, et les attaques de deux cent mille Gaulois de toutes les tribus, accourus au secours d'Alésia.

4. Bientôt une horrible famine[5] se fit sentir dans la ville assiégée. Le généreux chef gaulois, voyant qu'il ne pouvait sauver la liberté de son pays, résolut alors de sacrifier[6] sa vie pour sauver ses compagnons d'armes.

Monnaie gauloise
au nom de Vercingétorix.

5. Il revêtit sa plus belle armure, monta sur son cheval de bataille et quitta la ville au galop. Arrivé devant César, il descendit de cheval, jeta ses armes à terre, et sans prononcer une seule parole, attendit la sentence[7] du vainqueur.

6. Les soldats romains étaient émus de tant d'infortune et de patriotisme[8], mais César se montra inflexible[9] et cruel. Il ordonna d'enchaîner le héros gaulois, l'emmena à Rome, et, après six ans de captivité, lui fit trancher la tête.

Explication des mots.

1. Nos ancêtres : nos pères, les Gaulois. — 2. Alésia : aujourd'hui Alise-Sainte-Reine, près de Semur, dans le département de la Côte-d'Or. — 3. Tribu : petit peuple. — 4. Gergovie : près de Clermont-Ferrand, en Auvergne. — 5. Famine : manque de vivres. — 6. Sacrifier sa vie : donner sa vie. — 7. Sentence : jugement. — 8. Patriotisme : amour de la patrie. — 9. Se montra inflexible : fut sans pitié.

Questionnaire. — *Leçon.* — 10. Que résolut la ville de Rome lorsqu'elle fut puissante? — 11. Pourquoi les Gaulois furent-ils vaincus? — 12. Quel général commandait les Romains? En combien de temps fit-il la conquête de la Gaule? Quel était le chef des Gaulois?

Récit. — 1. Qu'était Vercingétorix? — 2, 3. Racontez la lutte de Vercingétorix contre César. — 4, 5, 6. Parlez du dévouement de Vercingétorix.

Devoir. — Racontez la lutte de Vercingétorix contre César.

1*

5e LEÇON. — LA GAULE ROMAINE
— LE CHRISTIANISME EN GAULE

13. Maîtres de la Gaule, les Romains y établirent de grandes routes, de belles villes ornées de monuments et des écoles.

14. Environ cent ans après la conquête romaine, le christianisme [1] fut apporté en Gaule par de courageux missionnaires : saint Denis prêcha à Paris, saint Saturnin à Toulouse et saint Pothin à Lyon.

15. Beaucoup de Gaulois se convertirent [2]. Mais ils furent cruellement persécutés [3] par les empereurs romains, encore païens [4], et un grand nombre moururent martyrs, c'est-à-dire expirèrent dans les supplices parce qu'ils ne voulaient pas renoncer à la religion de Jésus-Christ.

Sainte Blandine exposée aux lions.

RÉCIT. — Les martyrs de la Gaule.

1. Saint **Denis** eut la tête tranchée à **Montmartre,** près de Paris.

2. L'évêque de Lyon, **saint Pothin,** était âgé de quatre-vingt-dix ans. Sans respect pour son âge, on le frappa brutalement et on le jeta en prison, où il mourut.

3. Après lui, d'autres chrétiens et en particulier **sainte Blandine** endurèrent le martyre. Blandine était une jeune esclave[5] très pieuse, mais si délicate[6], qu'elle paraissait incapable de supporter le moindre tourment.

4. Les bourreaux déchirèrent son corps à coups de fouets et avec des lames de fer rougies au feu. Pendant ces tortures, Blandine ne cessait de répéter : *Je suis chrétienne ! il ne se fait point de mal parmi nous !* Mais elle ne poussa pas une plainte, et lassa les bourreaux par sa patience.

Monument romain. — Arènes de Nimes.

5. On l'exposa aux lions pour être dévorée, et les bêtes féroces vinrent se coucher aux pieds de la jeune vierge.

6. Elle fut ensuite livrée à un taureau furieux, qui la lança en l'air, avec ses cornes, et la foula aux pieds. Blandine, absorbée[7] dans la prière, paraissait insensible. Enfin on la tua d'un coup d'épée. Les païens présents à ce spectacle étaient saisis d'admiration : ils n'avaient jamais vu tant de courage dans une jeune fille.

Explication des mots.

1. Le **Christianisme** : la vraie religion, fondée par Jésus-Christ, le Fils de Dieu fait homme. — 2. Se **convertirent** : se firent chrétiens. — 3. **Persécutés** : poursuivis et tourmentés injustement. — 4. **Païens** : ceux qui adorent les faux dieux. — 5. **Esclave** : celui qui n'est pas libre et qui appartient à un maître. — 6. Si **délicate** : si faible. — 7. **Absorbée** dans la prière : si occupée de prier, qu'elle oubliait tout le reste.

Questionnaire. — *Leçon.* — 13. Quels travaux les Romains firent-ils en Gaule ? — 14. Quand et par qui le christianisme fut-il apporté en Gaule ? — 15. Comment furent traités les Gaulois convertis ?

Récit. — 1. Où et comment mourut saint Denis ? — 2. Que devint l'évêque de Lyon ? — 3. Qu'était sainte Blandine ? — 4, 5, 6. Racontez son martyre.

Devoirs. — 1. Racontez le martyre de sainte Blandine. — 2. Dites ce que vous savez de l'introduction du christianisme en Gaule.

6ᵉ LEÇON. — TRIOMPHE DU CHRISTIANISME

16. Malgré les persécutions sanglantes, **les conversions** devenaient chaque jour plus nombreuses : le sang des martyrs était une semence de nouveaux chrétiens [1].

17. En 312, l'empereur Constantin devint lui-même chrétien et fit cesser les persécutions.

18. Peu de temps après, l'illustre évêque de Tours [2], saint Martin, acheva la conversion de la Gaule par ses prédications [3] et ses nombreux miracles.

Saint Martin donne à un pauvre la moitié de son manteau.

RÉCIT. — Saint Martin.

1. Dès l'âge de seize ans, **saint Martin** était soldat dans l'armée romaine. Il s'y distingua par son courage et par sa charité envers les pauvres.

2. Un jour d'hiver, il rencontra aux portes d'Amiens [4] un mendiant presque nu et transi [5] de froid. Le généreux soldat n'avait plus d'argent; il prit son manteau, le coupa avec son épée et en donna la moitié à ce malheureux.

3. La nuit suivante, Jésus-Christ lui apparut couvert

de cette moitié de manteau, et disant aux anges qui l'environnaient : *C'est Martin qui m'a donné ce vêtement.*

4. Pour mieux servir Dieu, Martin quitta l'armée et se retira auprès de **saint Hilaire**, évêque de Poitiers[6]. Il bâtit, près de cette ville, à *Ligugé*, le premier monastère[7] de la Gaule.

5. Devenu évêque de Tours, il parcourut les villages et les campagnes, convertissant les païens, renversant les idoles et faisant partout de nombreux miracles.

6. Le peuple se portait en foule sur son passage et lui présentait les malades pour qu'il les bénît : à **Paris**, il guérit un lépreux[8]; à Chartres[9], il ressuscita le fils unique d'une pauvre veuve et guérit un enfant sourd-muet de naissance.

7. A la vue de toutes les merveilles opérées par le saint évêque, les derniers idolâtres se convertirent, et la Gaule devint entièrement chrétienne.

Explication des mots.

1. **Le sang des martyrs était une semence de nouveaux chrétiens** : chaque grain de blé qu'on sème en produit plusieurs autres; de même, à la mort de chaque martyr, plusieurs païens se convertissaient. — 2. **Tours** : aujourd'hui préfecture du département d'Indre-et-Loire. — 3. **Prédications** : sermons, discours sur la religion. — 4. **Amiens** : préfecture du département de la Somme. — 5. **Transi** de froid : engourdi par le froid. — 6. **Poitiers** : préfecture du département de la Vienne. — 7. **Monastère** : maison de religieux. — 8. **Lépreux** : celui qui est malade de la lèpre. — 9. **Chartres** : préfecture du département d'Eure-et-Loir.

Questionnaire. — *Leçon.* — 16. Les persécutions diminuaient-elles le nombre des chrétiens? — 17. Quand finirent-elles? — 18. Qui acheva la conversion de la Gaule?

Récit. — 1. Que fut saint Martin dans sa jeunesse? — 2. Citez un trait de sa charité. — 3. Comment fut-il récompensé de cet acte de charité? — 4. Pourquoi quitta-t-il l'armée? Où se retira-t-il? — 5. Que fit-il une fois évêque de Tours? — 6. Dites quelques-uns de ses miracles. — 7. Quel bien produisirent les miracles de saint Martin?

Devoir. — Parlez de la charité de saint Martin envers les pauvres.

7° LEÇON. — LES INVASIONS DES BARBARES

19. De nombreux peuples barbares [1] habitaient de l'autre côté du Rhin, dans les forêts de la Germanie [2].

20. Les Romains, craignant leurs invasions [3], leur firent souvent la guerre; mais ils ne purent les soumettre, et les Barbares continuèrent à ravager les frontières de l'Empire.

21. Au commencement du V° siècle [4], plusieurs de ces peuples, les **Wisigoths** [5], les **Burgondes** [6] et les **Francs** passèrent le Rhin et s'établirent en Gaule.

Un roi franc élevé sur le pavois.

RÉCIT. — Les Francs.

1. Les **Francs** étaient grands et forts, et les plus braves de tous les barbares. Ils avaient, disent les historiens, la peau blanche et les yeux bleus; de longues moustaches pendaient de chaque côté de leur bouche, et leurs cheveux, liés au-dessus de la tête, retombaient en queue de cheval sur leurs épaules.

2. Comme tous les barbares, les Francs étaient idolâtres; ils adoraient surtout **Odin**, dieu de la guerre, et s'imaginaient un paradis où les braves, après s'être bat-

tus toute la journée, étaient guéris le soir de leurs bles-
sures, et s'asseyaient ensuite à un grand banquet.

3. Ils étaient divisés en plusieurs tribus ; la principale, celle des **Francs Saliens,** s'établit entre les
bouches de la Meuse et de l'Escaut.

4. Les rois francs n'avaient d'autorité qu'à la guerre.
Ils portaient les cheveux longs, et on les choisissait toujours dans la même famille. Aussitôt
qu'un nouveau roi était nommé par ses
compagnons d'armes, il montait sur un
large bouclier ou *pavois,* et quatre guerriers le portaient autour du camp aux
acclamations[7] de tout le peuple.

5. Les Francs aimaient passionnément
la guerre. Leur arme favorite[8] était une
hache à deux tranchants, appelée de leur
nom, *francisque.* Ils la faisaient tournoyer
au-dessus de leur tête et la lançaient de
loin sur leurs ennemis, avec une adresse et une force
extraordinaires.

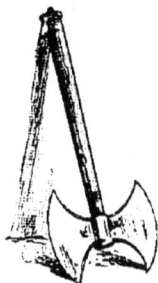

Francisque.

Explication des mots.

1. Peuple **barbare** : peuple non *civilisé,* c'est-à-dire qui
ne possède pas la science, la richesse, la politesse, et surtout la vertu. — 2. La **Germanie** : pays habité par les peuples
germains, aujourd'hui l'Allemagne. — 3. **Invasion :** action
de pénétrer en armes dans un pays étranger pour le conquérir ou pour le piller. — 4. **Siècle :** durée de cent ans. —
5. **Wisigoths :** peuple barbare qui s'établit au sud de la
Loire. — 6. **Burgondes :** peuple barbare qui s'établit dans
les vallées de la Saône et du Rhône. — 7. **Acclamations :**
cris de joie. — 8. Leur arme **favorite :** l'arme qu'ils aimaient
le mieux et qu'ils maniaient avec le plus d'habileté.

Questionnaire. — *Leçon.* —
19. Quels peuples habitaient la
Germanie ? — 20. Parlez des
relations des Romains avec les
barbares. — 21. Qu'arriva-t-il
au commencement du vᵉ siècle ?
Récit. — 1. Que nous disent
les historiens au sujet des Francs?
— 2. Que savez-vous de la religion des Francs? — 3. Comment étaient-ils divisés? Quelle
était leur principale tribu? — 4.
Comment choisissaient-ils leur
chef. — 5. Les Francs aimaient-
ils la guerre? Quelle était leur
arme favorite? Comment s'en
servaient-ils?

Devoir. — Dites ce que vous savez des rois francs.

8e LEÇON. — ATTILA ET LES HUNS

22. En **451**, Attila, roi des Huns [1], envahit la Gaule.

23. Ce barbare brûlait les villes et détruisait tout sur son passage. « Je suis le fléau de Dieu [2], disait-il, l'herbe ne pousse plus partout où mon cheval a passé. »

24. Les Huns étaient les plus laids et les plus féroces de tous les barbares. Les Romains, les Wisigoths et les Francs s'unirent contre eux, et les vainquirent à la grande bataille dite de Châlons-sur-Marne [3]. Après sa défaite, Attila repassa le Rhin.

Sainte Geneviève exhorte les Parisiens à ne pas quitter leur ville à l'approche d'Attila.

RÉCIT. — Sainte Geneviève.

1. Attila couvrait la Gaule de sang et de ruines ; à son approche, les populations fuyaient épouvantées.

2. La ville de **Lutèce**, aujourd'hui **Paris**, était entourée par la Seine et par de hautes murailles ; les Parisiens auraient donc pu se défendre contre les Huns, mais la terreur était si grande, qu'ils résolurent de prendre la fuite.

3. Déjà ils avaient chargé leurs meubles et leurs objets précieux sur des bateaux prêts à descendre la Seine, lorsqu'une courageuse jeune fille entreprit d'arrêter les fugitifs.

4. Elle s'appelait **Geneviève** et était née à *Nanterre*, près de Paris. Depuis qu'on parlait de l'approche d'Attila, Geneviève ne cessait de prier pour son pays. Dieu lui révéla que si ses compatriotes [4] faisaient pénitence, les Huns n'assiégeraient pas leur ville.

5. Rebutée par les hommes, elle s'adressa aux femmes : *Jeûnez et priez,* leur dit-elle, *et Dieu aura pitié de vous.* Les femmes crurent à sa parole et s'enfermèrent avec Geneviève dans une église, où elles prièrent longtemps avec ferveur.

6. Mais les hommes, furieux de ce que leurs épouses ne voulaient plus partir, menaçaient de brûler la porte de l'église et de lapider [5] Geneviève. Un prêtre réussit à les calmer : *Cette fille est une sainte,* dit-il, *obéissez-lui.* Ils se laissèrent persuader et restèrent.

7. La sainte avait dit vrai. Attila, voyant Paris disposé à se défendre, ne l'assiégea point, et courut à des succès plus faciles. — Les Parisiens reconnaissants ont choisi sainte Geneviève pour patronne de leur ville.

Explication des mots.

1. **Huns** : peuple barbare venu de l'Asie. — 2. **Fléau de Dieu** : le fléau est l'instrument dont on se sert pour battre le blé, de même Attila était un instrument dans la main de Dieu pour punir les nations. — 3. **Châlons-sur-Marne** : aujourd'hui préfecture du département de la Marne. — 4. **Ses compatriotes** : ceux qui étaient du même pays que sainte Geneviève. — 5. **Lapider** : tuer à coups de pierres.

Questionnaire. — *Leçon.* — 22. Que fit Attila en 451? — 23. Comment traitait-il les pays qu'il traversait? De quoi se vantait-il? — 24. Que savez-vous des Huns? Par qui furent-ils vaincus?

Récit. — 1. Quel mal Attila faisait-il en Gaule? — 2. Paris pouvait-il se défendre? — 3. Qui empêcha les Parisiens de fuir? — 4. Qu'était sainte Geneviève? Que prédit-elle? — 5, 6. Racontez comment elle persuada aux Parisiens de rester dans leur ville. — 7. Attila assiégea-t-il Paris? Comment les Parisiens montrèrent-ils leur reconnaissance envers sainte Geneviève?

Devoir. — Racontez comment sainte Geneviève empêcha les Parisiens de prrndre la fuite à l'approche d'Attila.

9ᵉ LEÇON. — LES ÉVÊQUES

25. Les évêques furent les défenseurs des peuples, et sauvèrent plusieurs villes de la fureur d'Attila.

26. Ils convertirent les Burgondes et les Francs, et empêchèrent ainsi la Gaule de retomber entièrement dans la barbarie.

27. Plus tard, devenus conseillers [1] des rois, les évêques travaillèrent avec ardeur à détruire les coutumes [2] barbares et à civiliser les Francs.

Saint Loup arrête Attila aux portes de Troyes.

RÉCIT. — Les Évêques et les Barbares.

1. En 451, le farouche **Attila**, à la tête de ses Huns, avait déjà détruit Reims [3], Langres [4], Besançon [5] et plusieurs autres cités [6]. Il marchait sur **Troyes** [7] : toute la ville était dans l'épouvante.

2. L'évêque, **saint Loup**, résolut de sauver son peuple. Après avoir prié et jeûné, il revêtit ses habits pontificaux [8] et, plein de confiance en Dieu, il sortit de la ville pour aller à la rencontre des barbares.

3. Arrivé devant le roi des Huns : *Qui êtes-vous?* lui demanda l'évêque. — *Je suis le fléau de Dieu*, répondit Attila. — *Si vous êtes le fléau de Dieu*, reprit le saint, *ne faites que ce que Dieu vous permet.*

4. Frappé de ces paroles et de la sainteté de l'évêque, le barbare promit d'épargner Troyes. Il tint parole, malgré le mécontentement de ses hordes [9] avides de sang et de pillage.

5. Peu de temps après, Attila assiégeait **Orléans** [10]. L'évêque, **saint Aignan,** ranima le courage abattu des Orléanais : *Combattez avec ardeur, Dieu vous envoie du secours*, disait-il en visitant les remparts. Puis, rentré dans son église, il priait avec ferveur pour le salut de son peuple.

6. Après plusieurs jours d'une lutte acharnée sur les remparts, les habitants faiblissaient, lorsqu'ils aperçurent au loin un nuage de poussière : *C'est le secours de Dieu!* dit l'évêque. Bientôt retentirent les trompettes guerrières, et l'on reconnut l'**armée romaine.** Orléans était sauvée.

Explication des mots.

1. **Conseiller** des rois : celui qui donne des conseils aux rois, leur dit comment il faut gouverner. — 2. **Coutumes** : habitudes. — 3. **Reims** : ville située dans le département de la Marne. — 4. **Langres** : ville située dans le département de la Haute-Marne. — 5. **Besançon** : aujourd'hui préfecture du département du Doubs. — 6. **Cité** : ville. — 7. **Troyes** : aujourd'hui préfecture du département de l'Aube. — 8. Habits **pontificaux** : habits du pontife, de l'évêque dans les cérémonies religieuses. — 9. **Hordes** : bandes sans discipline, sans ordre. — 10. **Orléans** : aujourd'hui préfecture du département du Loiret.

Questionnaire. — *Leçon.* — 25. Quels services les évêques rendirent-ils aux peuples? — 26. Quels peuples furent convertis par les évêques de la Gaule? — 27. Que firent les évêques devenus conseillers des rois?

Récit. — 1. Quelles villes détruisit Attila en 451? — 2, 3, 4. Que fit saint Loup pour sauver la ville de Troyes? — 5, 6. Comment saint Aignan sauva-t-il la ville d'Orléans?

Devoir. — Dites comment la ville de Troyes fut sauvée par son évêque.

10ᵉ LEÇON. — LES PREMIERS ROIS FRANCS. — CLOVIS

28. Mérovée, roi des Francs, avait montré un grand courage à la bataille de Châlons-sur-Marne; il mérita ainsi de donner son nom à la première race de nos rois, les Mérovingiens.

29. Clovis, petit-fils de Mérovée, n'avait que seize ans lorsqu'il fut élevé sur le pavois et proclamé roi des Francs Saliens, en 481.

30. Le jeune roi possédait déjà le territoire au nord de la Somme [1], avec Tournay [2] pour capitale. Il était brave et voulait conquérir toute la Gaule. Il commença par attaquer les Romains, et vainquit leur général à la bataille de Soissons [3].

Un soldat franc brise le vase de Soissons.

RÉCIT. — Le vase de Soissons.

1. Dans une de leurs expéditions, les Francs avaient pillé une église du diocèse [4] de **Reims,** et enlevé un vase sacré de grand prix.

2. L'évêque de Reims, **saint Remi,** envoya un messager à Clovis, pour le prier de rendre à l'église un objet si précieux. *Suis-nous jusqu'à Soissons,* dit Clovis au messager ; *là aura lieu le partage du butin*[5], *et je ferai ce que l'évêque demande.*

3. Arrivé à Soissons, le roi fit placer tout le butin au milieu de la troupe et dit à ses compagnons : *Braves guerriers, je vous prie de me donner, en plus de ma part, le vase que voici*, et il montrait le vase précieux réclamé par saint Remi.

4. Tous les Francs y consentirent, excepté un soldat jaloux qui brisa le vase d'un coup de sa hache d'armes, en s'écriant : *Tu n'auras, ô roi, que ce que le sort te donnera.*

5. Le roi dissimula[6] sa colère, prit le vase en morceaux et le remit à l'envoyé de l'évêque ; mais il garda son ressentiment[7] au fond de son cœur.

6. L'année suivante, il passait la revue de ses troupes. Arrivé devant le soldat insolent : *Personne*, lui dit-il, *n'a des armes aussi mal tenues que les tiennes!* et, lui arrachant sa hache, il la jeta à terre. Comme le soldat se baissait pour la ramasser, Clovis leva sa francisque et lui fendit la tête en disant : *Souviens-toi du vase de Soissons!*

7. Par cette cruelle vengeance, le roi barbare se fit grandement redouter de tous ses guerriers.

Explication des mots.

1. **Somme** : petit fleuve qui arrose le nord de la France et se jette dans la Manche. —2. **Tournay** : ville de la Belgique. — 3. **Soissons** : ville située dans le département de l'Aisne. —4. **Diocèse** : province placée sous l'autorité d'un évêque. La France est divisée en quatre-vingt-quatre diocèses. — 5. **Butin** : ce qu'on prend à l'ennemi pendant la guerre. — 6. **Dissimula** : cacha. — 7. **Ressentiment** : désir de se venger.

Questionnaire. — *Leçon.* — 28. Que savez-vous de Mérovée ? — 29. Qu'était-ce que Clovis ? — 30. Où régna d'abord Clovis ? Quelle fut sa première victoire ?

Récit. — 1. Quel objet les Francs avaient-ils enlevé dans une église ? — 2. L'évêque de Reims fit-il des réclamations ? — 3. Que fit Clovis pour obtenir le vase sacré ? — 4. Est-ce que tous les Francs consentirent à la demande de Clovis ? — 5. Clovis montra-t-il sa colère ? — 6. Comment Clovis punit-il le soldat insolent ? — 7. Quel fut le résultat de cette vengeance ?

Devoir. — Racontez l'histoire du vase de Soissons.

11ᵉ LEÇON. — MARIAGE ET CONVERSION
DE CLOVIS

31. Sur le conseil de saint Remi, Clovis épousa une princesse catholique, Clotilde, fille d'un roi des Burgondes.

32. La pieuse reine exhorta [1] longtemps son époux à renoncer aux idoles. Il se convertit en 496, à la bataille dite de Tolbiac, et fut baptisé à Reims, par saint Remi.

33. Devenu chrétien, Clovis se fit le protecteur de l'Église et des évêques. Il vainquit les Wisigoths à Vouillé près de Poitiers, et se trouva maître de presque toute la Gaule. Clovis mourut à Paris en 511.

Clovis invoque Jésus-Christ pendant la bataille de Tolbiac.

RÉCIT. — La conversion de Clovis.

1. En 496, les **Allemands** ayant envahi le territoire des Francs, Clovis voulut les repousser et leur livra bataille à **Tolbiac**, près de Cologne [2].

2. Pour la première fois, Clovis vit ses Francs reculer. Dans sa détresse, il invoqua ses faux dieux, mais tous restèrent sourds à sa prière. Se rappelant alors les conseils de Clotilde, il s'écria, en levant les bras vers le ciel :

Jésus-Christ, Dieu de Clotilde, si tu m'accordes la victoire, je croirai en toi et je me ferai baptiser en ton nom !

3. Aussitôt les Francs reprennent courage, repoussent les Allemands et remportent une victoire complète.

4. Fidèle à sa promesse, le vainqueur se fit instruire de la religion catholique, et il reçut le baptême à Reims, la veille de **Noël** de l'an **496**.

5. A son entrée dans l'église, tout embaumée de parfums et resplendissante de lumières, Clovis émerveillé se crut transporté en paradis.

6. Saint Remi, au moment de le baptiser, lui adressa ces paroles : *Courbe la tête, fier Sicambre[3], brûle ce que tu as adoré[4] et adore ce que tu as brûlé.* Le même jour, la moitié de l'armée de Clovis reçut le baptême.

7. *La conversion du roi des Francs est un des faits les plus importants de notre histoire :* dès lors la Gaule catholique s'attacha à Clovis[5], et la France devint la **fille aînée de l'Église**[6].

Explication des mots.

1. Exhorta : encouragea. — 2. **Cologne** : ville d'Allemagne, sur les bords du Rhin ; — 3. **Sicambre** : nom d'une peuplade franque, d'où Clovis tirait son origine. — 4. **Brûle ce que tu as adoré** : brûle les idoles que tu as adorées jusqu'à présent. — 5. **La Gaule catholique s'attacha à Clovis** : les Gaulois étaient catholiques : ils aimèrent Clovis après sa conversion, et le reconnurent pour maître. — 6. **Fille aînée de l'Église** : la France est appelée la fille aînée de l'Église, parce qu'elle est la première nation barbare qui se fit catholique.

Questionnaire. — *Leçon.* — 31. Quelle princesse Clovis épousa-t-il ? — 32. Quel conseil Clotilde donnait-elle à Clovis ? — 33. Quelle fut la conduite de Clovis envers l'Église ? Où vainquit-il les Wisigoths ? Quand mourut-il ?

Récit. — 1. Pourquoi Clovis alla-t-il combattre les Allemands, en 496 ? — 2. Que fit Clovis quand il vit les Francs reculer ? — 3. Qu'arriva-t-il après la prière de Clovis ? — 4. Où et quand Clovis fut-il baptisé ? — 5. Quel sentiment éprouva Clovis à son entrée dans l'église ? — 6. Que dit saint Remi à Clovis avant de le baptiser ? — 7. Cette conversion est-elle un fait important ?

Devoir. — Racontez la bataille de Tolbiac et le baptême de Clovis.

12ᵉ LEÇON. — LES FILS ET LES PETITS-FILS DE CLOVIS

34. A la mort de Clovis, ses quatre fils se partagèrent le royaume, et achevèrent la conquête de la Gaule en soumettant la Bourgogne[1].

35. Le plus célèbre de leurs descendants[2] fut Dagobert. Il prit pour ministre saint Éloi[3] et gouverna avec sagesse tout l'empire des Francs.

36. Les successeurs de Dagobert sont appelés rois fainéants, parce qu'ils ne firent rien de remarquable. Ils n'avaient plus guère d'autorité, et furent forcés d'abandonner le pouvoir à leur premier officier, le maire du palais.

Un roi fainéant en voyage.

RÉCIT. — Les rois fainéants.

1. Les *rois fainéants* vivaient dans la mollesse et l'oisiveté[4]; ils n'allaient jamais à la guerre et avaient à peine la force de manier une épée.

2. Ils se contentaient de garder les cheveux flottants comme tous les Mérovingiens, de porter le nom de roi, de se couvrir de riches habits et de recevoir les honneurs royaux.

3. Retirés dans leur **villa** ou maison de campagne,

ils ne se montraient au peuple qu'une fois l'année, pour se rendre à l'assemblée générale[5] des Francs. Dans leurs voyages, ils n'allaient point à cheval comme leurs pères; ils étaient couchés sur un chariot lentement traîné par des bœufs.

4. Presque tous ces princes efféminés[6] moururent jeunes et n'atteignirent pas même l'âge d'homme. En vain quelques-uns, plus énergiques, voulurent gouverner en maîtres; ils en furent empêchés par les maires du palais.

5. Sous les rois fainéants, le *maire du palais* était le véritable maître du royaume : il rendait la justice et commandait les guerriers. Bientôt même il allait monter sur le trône[7] et remplacer les descendants de Clovis.

6. Les plus célèbres maires du palais furent **saint Léger, Ebroïn, Pépin d'Héristal**[8], **Charles Martel et Pépin le Bref.**

Explication des mots.

1. **Bourgogne** : royaume des Burgondes, comprenant les vallées de la Saône et du Rhône. — 2. Leurs **descendants** : leurs enfants et les enfants de leurs enfants. — 3. Saint **Éloi** : orfèvre célèbre, qui fit au roi un trône d'or massif. Il devint plus tard évêque de Noyon et ministre de Dagobert. — 4. Vivaient dans la mollesse et l'**oisiveté** : sans faire d'exercices fatigants, sans travailler. — 5. Assemblée **générale** : assemblée de tous les guerriers. — 6. **Efféminé** : mou, faible. — 7. **Monter sur le trône** : devenir roi. — 8. **Héristal** : ville de Belgique, près de la Meuse.

Questionnaire. — *Leçon.* — 34. Qu'arriva-t-il à la mort de Clovis? — 35. Que savez-vous de Dagobert? — 36. Comment appelle-t-on les successeurs de Dagobert?

Récit. — 1. Comment vivaient les rois fainéants? — 2. De quoi se contentaient-ils? — 3. Où vivaient-ils? Quand se montraient-ils au peuple? Comment voyageaient-ils? — 4. Ces princes vivaient-ils longtemps? — 5. Qui était maître du royaume sous les rois fainéants? — 6. Quels furent les plus célèbres maires du palais?

Devoirs. — 1. Dites ce qu'étaient les rois fainéants et pourquoi on les a appelés ainsi. — 2. Tracez la carte de la Gaule, et placez sur cette carte les noms suivants : *Châlons-sur-Marne, Langres, Troyes, Besançon, Orléans, Reims, Soissons, Tournay, Poitiers, Cologne, Tolbiac.*

13ᵉ LEÇON. — LES MOINES

37. Sous les Mérovingiens, de nombreux monastères s'établirent dans notre pays.

38. Les habitants des monastères s'appelaient religieux ou moines. Les plus célèbres furent les Bénédictins, ou disciples de saint Benoît.

39. Les moines se livraient à la prière, à l'étude, à l'éducation des enfants et au travail des mains. Un grand nombre allèrent aussi prêcher l'Évangile [1] aux barbares de la Germanie. Le plus illustre de ces courageux missionnaires fut l'Anglais saint Boniface, archevêque de Mayence [2].

Les moines enseignent aux barbares à défricher la terre.

RÉCIT. — Les bienfaits des moines.

1. La vie des moines était partagée entre la prière, l'étude et le travail. Levés de grand matin, les moines se rendaient à l'église, chantaient durant plusieurs heures les louanges de Dieu, et priaient pour leurs frères, c'est-à-dire pour tous les hommes.

2. Ils instruisaient ensuite les enfants du peuple, copiaient les anciens manuscrits [3] ou écrivaient l'histoire de leur temps.

3. Plusieurs de ces moines étaient très instruits, et l'expression *savant comme un bénédictin*, s'emploie encore de nos jours pour désigner un homme très savant.

4. Ces savants ne dédaignaient pas le travail des mains : ils défrichaient[4] les forêts, labouraient la terre et lui faisaient produire de riches moissons.

5. Quand les **Francs** envahirent la Gaule, ils méprisaient le travail et ne rêvaient que guerre et pillage. Peu à peu les moines adoucirent l'humeur farouche de ces conquérants barbares, leur apprirent à cultiver la terre et les gagnèrent à la civilisation.

6. Chaque monastère nourrissait tous les jours plusieurs centaines de pauvres, et donnait l'hospitalité à tous les voyageurs qui se présentaient.

7. L'**abbé** ou supérieur ne craignait pas de défendre les faibles contre leurs oppresseurs[5], même les plus puissants. **Saint Colomban**, abbé du monastère de Luxeuil[6], fut en grande vénération[7] parmi le peuple, à cause de son courage à reprendre les méchants rois.

Explication des mots.

1. **L'Évangile** : la doctrine de Jésus-Christ. On appelle aussi Évangiles les livres qui racontent la vie de Jésus-Christ. — 2. **Mayence** : ville d'Allemagne, sur le Rhin. — 3. **Manuscrit** : livre écrit à la main. — 4. **Défrichaient** les forêts : arrachaient les arbres, afin de pouvoir cultiver la terre. — 5. **Oppresseurs** : les puissants qui se servent de leur pouvoir pour faire souffrir les faibles. — 6. **Luxeuil** : ville située dans le département de la Haute-Saône. — 7. **Vénération** : respect et amour qu'on a pour quelqu'un.

Questionnaire. — *Leçon.* — 37. A quelle époque les monastères s'établirent-ils en Gaule ? — 38. Comment s'appellent les habitants d'un monastère ? — 39. A quoi s'occupaient les moines ? *Récit.* — 1. Comment les moines commençaient-ils la journée ? — 2. Quels services rendaient les moines ? — 3. Y avait-il des moines très instruits ? — 4. Ces savants travaillaient-ils aussi la terre ? — 5. Comment parvinrent-ils à civiliser les Francs ? — 6. Les monastères avaient-ils soin des pauvres ? — 7. En quoi l'abbé rendait-il service au peuple ?

Devoir. — Dites quels services rendaient les moines.

14ᵉ LEÇON. — LES PREMIERS CAROLINGIENS

40. Avec Pépin d'Héristal et son fils Charles Martel, la famille des Carolingiens devint très puissante et se prépara à monter sur le trône.

41. Pépin d'Héristal gouverna l'empire des Francs avec toute l'autorité d'un roi, et il vainquit plusieurs fois les Saxons [1], qui ravageaient notre frontière de l'est.

42. Charles Martel repoussa les Arabes à Poitiers, et sauva ainsi le monde chrétien de la barbarie musulmane.

Bataille de Poitiers gagnée par Charles Martel contre les Arabes, en 732.

RÉCIT. — Charles Martel à Poitiers.

1. Partis de l'**Arabie** [2], les farouches sectateurs [3] de Mahomet [4] avaient déjà conquis l'*Asie*, l'*Afrique*, l'*Espagne*, et ils s'avançaient en **Gaule,** menaçant de détruire le Christianisme et la civilisation.

2. Charles Martel courut leur barrer le passage ; il les rencontra près de **Poitiers,** en **732.**

3. Pendant sept jours, les deux armées restèrent en présence, n'osant engager la bataille. Enfin, **Abdérame,** chef des musulmans, donne le signal du combat.

4. Montés sur leurs petits chevaux rapides comme le vent, les Arabes s'élancent à la charge : ils cherchent à frapper les Francs de leurs sabres recourbés, puis ils s'éloignent au galop, pour se précipiter avec une nouvelle fureur et recommencer l'attaque.

5. Mais les Francs ne se laissent pas entamer. Couverts de leurs armures [5] de cuir ou de fer, ils se tiennent en lignes serrées : les premiers rangs reçoivent l'ennemi sur leurs piques, et les autres lui lancent de loin leurs francisques et leurs javelots [6].

6. Tout à coup les infidèles aperçoivent, derrière eux, leur camp en flammes : un corps de l'armée franque avait fait un détour et mis le feu aux tentes. Les soldats musulmans courent sauver leur riche butin; Abdérame ne peut les retenir, et lui-même est tué dans la mêlée. Le lendemain, les Arabes avaient pris la fuite, abandonnant leurs trésors aux vainqueurs.

7. Charles gagna dans cette bataille le glorieux surnom de **Martel** [7], parce qu'il avait écrasé les infidèles comme le marteau brise le fer.

Explication des mots.

1. **Saxons** : peuple barbare de la Germanie. — 2. **Arabie** : contrée de l'Asie occidentale. — 3. **Sectateurs de Mahomet** : ceux qui suivaient la fausse religion de Mahomet. — 4. **Mahomet** : faux prophète né en Arabie, en 570, fondateur de la religion musulmane. — 5. **Armure** : ensemble des armes défensives, cuirasse, casque... — 6. **Javelot** : sorte de bâton armé d'un fer pointu. — 7. **Martel** : marteau.

Questionnaire. — *Leçon.* — 40. Avec quels princes la famille des Héristals devint-elle très puissante? — 41. Que savez-vous de Pépin d'Héristal? — 42. Que fit Charles Martel?

Récit. — 1. D'où venaient les musulmans? Quels pays avaient-ils déjà conquis? — 2. Qui alla es arrêter? — 3. La bataille commença-t-elle tout de suite? — 4. Comment les Arabes attaquaient-ils les Francs? — 5. Comment les Francs repoussaient-ils les Arabes? — 6. Racontez la fin de la bataille. — 7. D'où vint à Charles le surnom de Martel?

Devoir. — Racontez le combat des Francs contre les Arabes, à Poitiers.

15e LEÇON. — PÉPIN LE BREF

43. Pépin le Bref, fils de Charles Martel, gouverna. d'abord comme maire du palais. En 752, il se fit proclamer [1] **roi par les grands et les évêques réunis à Soissons, et il fut sacré par saint Boniface, archevêque de Mayence.**

44. A cette époque, les Lombards [2] **menacèrent la ville de Rome, qui appartenait au pape. Pépin le Bref les vainquit et leur enleva la province de Ravenne** [3]**, qu'il donna au souverain pontife.**

45. Il confirmait [4] **ainsi solennellement et agrandissait le pouvoir temporel** [5] **des papes.**

Force et courage de Pépin le Bref.

RÉCIT. — Pépin le Bref et les moqueurs.

1. Pépin fut surnommé le **Bref** à cause de sa petite taille; mais il était d'une force et d'un courage extraordinaires.

2. Ayant appris que ses principaux officiers se moquaient de sa courte stature [6], il voulut un jour leur donner une leçon.

3. On était dans la cour fermée d'un monastère. Le roi fit lâcher un lion farouche contre un taureau d'une grandeur effrayante. Le lion s'élança d'un bond[7] sur le taureau, le saisit par le cou et le renversa par terre.

4. *Qui de vous*, dit alors le roi aux moqueurs, *ira délivrer le taureau de la fureur du lion?* Mais eux, se regardant les uns les autres, restaient muets[8] de frayeur.

5. Pépin tire alors son épée, s'avance vers les animaux furieux et tranche, en deux coups, la tête du lion et celle du taureau.

6. Il remet ensuite son glaive[9] dans le fourreau, en disant : *Vous semble-t-il maintenant que je sois digne de vous commander? N'avez-vous jamais entendu dire comment le petit David vainquit le géant Goliath, et comment Alexandre était en même temps le plus petit et le plus fort de son armée?*

Et tous ensemble s'écrièrent : *Oui, nous le reconnaissons, vous êtes digne de nous commander!*

Explication des mots.

1. **Proclamer** : nommer. — 2. Les **Lombards** : peuple barbare établi en Italie. — 3. **Ravenne** : ville d'Italie, près de la mer Adriatique. — 4. **Il confirmait** : il reconnaissait et rendait plus fort le pouvoir temporel des papes. — 5. **Pouvoir temporel des papes** : royaume des papes. En 1870, ce royaume a été enlevé injustement au pape Pie IX par le roi d'Italie, Victor-Emmanuel. — 6. **Courte stature** : petite taille. — 7. **D'un bond** : d'un saut. — 8. **Restaient muets de frayeur** : ne pouvaient dire un mot, tellement ils avaient peur. — 9. **Glaive** : épée.

Questionnaire. — *Leçon.* — 43. Par qui Pépin le Bref se fit-il proclamer roi? — 44. Pourquoi Pépin le Bref fit-il la guerre aux Lombards? Que fit-il de ses conquêtes? — 45. Quel pouvoir confirmait-il ainsi? *Récit.* — 1. Pourquoi Pépin fut-il surnommé le Bref? — 2, 3, 4, 5. Comment s'y prit-il pour donner une leçon aux officiers qui se moquaient de sa petite taille? — 6. Que dit Pépin après sa victoire? Que répondirent les officiers?

Devoir. — Que savez-vous de la force de Pépin le Bref?

16ᵉ LEÇON. — LES GUERRES DE CHARLEMAGNE

46. Le fils de Pépin le Bref s'appelait Charles ; il a donné son nom à la seconde race de nos rois, les Carolingiens. Ses grandes actions l'ont fait surnommer **Charlemagne**, c'est-à-dire Charles le Grand.

47. Charlemagne vainquit les **Lombards**, les **Arabes d'Espagne**, les **Avares** ou **Huns** et les **Saxons**.

48. Les Saxons résistèrent opiniâtrément sous la conduite de leur chef **Witikind** : ils ne se soumirent qu'après une guerre de trente-trois ans.

Mort de Roland, à Roncevaux, au retour de l'expédition d'Espagne.

RÉCIT. — La légende [1] de Roland.

1. Au retour de l'expédition d'Espagne, l'arrière-garde sous les ordres de **Roland,** neveu de Charlemagne, fut attaquée par les Basques [2] dans les défilés [3] de **Roncevaux.**

2. Roland et ses braves marchaient sans défiance en suivant la vallée profonde ; tout à coup, du haut des rochers, une multitude d'ennemis font rouler sur eux d'énormes blocs de pierre.

3. Les Francs se défendent avec courage, mais ils sont bientôt cernés[4] et vaincus; Roland lui-même tombe blessé mortellement.

4. Voulant avertir Charlemagne qui traversait les monts à la tête de l'armée, il saisit son cor d'ivoire qu'on entendait de dix lieues à la ronde, et il en sonne si fort que les veines de son cou se rompent.

5. Il prend alors **Durandal,** son épée, dont la garde est enrichie de saintes reliques : *O ma bonne Durandal,* dit-il en l'embrassant; *avec toi j'ai conquis tant de royaumes pour Charles à la barbe fleurie! Et maintenant, je ne puis plus te défendre! A Dieu ne plaise que tu tombes jamais aux mains d'un païen ou d'un lâche!* Puis, saisi d'une grande douleur et colère, il frappe dix fois la roche brune qui se trouve devant lui : l'acier grince, une brèche énorme est ouverte dans le rocher, mais Durandal intacte rebondit vers le ciel. Voyant qu'il ne peut la briser, le héros se couche sur l'herbe verte, met sous lui sa bonne épée et se prépare à mourir.

6. Il demande pardon à Dieu : *O mon Père, ayez pitié de mon âme! Pardonnez-moi mes péchés!* Puis il incline la tête, et son âme est portée par les anges en paradis.

7. A ce moment, Charlemagne, averti par le son du cor, arriva avec toute l'armée, mais il était trop tard, il ne put que venger Roland et ses braves compagnons.

Explication des mots.

1. **Légende** : histoire embellie. — 2. Les **Basques** : les Gascons des Pyrénées. — 3. **Défilé** : chemin profond et étroit entre deux montagnes. — 4. **Cernés** : entourés.

Questionnaire. — *Leçon.* — 46. Comment s'appelait le fils de Pépin le Bref? — 47. Quels peuples vainquit Charlemagne? — 48. Quel peuple résista le plus longtemps?

Récit. — 1. Qu'arriva-t-il au retour de l'expédition d'Espagne? — 2. Comment Roland et ses braves furent-ils surpris? — 3. Les Francs se défendirent-ils? — 4. Que fit Roland pour avertir Charlemagne? — 5. Que fit-il de son épée? — 6. Comment se prépara-t-il à mourir? — 7. Que fit Charlemagne quand il arriva avec toute l'armée?

Devoir. — Racontez la mort de Roland.

17ᵉ LEÇON. — PUISSANCE DE CHARLEMAGNE

49. Vainqueur de tous ses ennemis, Charlemagne était le maître de la France, de l'Allemagne, de l'Italie et d'une partie de l'Espagne.

50. Les rois les plus puissants recherchèrent son amitié, et le calife [1] de Bagdad [2] lui envoya de riches présents [3] à Aix-la-Chapelle [4].

51. Enfin, le jour de Noël de l'an 800, Charlemagne fut couronné à Rome, empereur d'Occident, par le pape Léon III.

Carte pour l'histoire des Carolingiens.

RÉCIT. — Charlemagne est couronné empereur d'Occident.

1. A l'exemple de son père, Charlemagne fut l'ami et le protecteur de l'Église : il vainquit les Lombards, qui faisaient la guerre au pape, et il protégea les missionnaires contre les barbares, surtout contre les Saxons.

2. En 800, il était allé à Rome punir les auteurs d'un odieux [5] complot [6] contre le pape **Léon III**.

3. Pour le récompenser des services qu'il avait rendus à l'Eglise, le souverain pontife, d'accord avec les Romains, résolut de lui donner la couronne des anciens empereurs.

4. Le jour de Noël, Charlemagne, entouré de ses principaux guerriers, assistait à l'office divin dans l'église de Saint-Pierre. Au moment où il achevait sa prière sur le tombeau des apôtres, Léon III s'approcha et lui mit sur la tête la couronne d'or des empereurs, en disant : *Vive Charles-Auguste* [7], *couronné de la main de Dieu! Vie et victoire au grand et pacifique* [8] *empereur des Romains!* Tout le peuple qui remplissait la vaste église répéta trois fois avec enthousiasme [9] : *Vive Charles-Auguste, couronné de la main de Dieu! Vie et victoire au grand et pacifique empereur des Romains!*

5. Ainsi fut rétabli par l'Église et en faveur de la nation franque, l'ancien empire romain d'Occident, qui était détruit depuis plus de trois siècles.

Explication des mots.

1. **Calife** : nom de l'empereur des musulmans, qui était en même temps leur chef religieux. — 2. **Bagdad** : ville d'Asie. — 3. De riches **présents** : des dons, des cadeaux de grande valeur. — 4. **Aix-la-Chapelle** : capitale de l'empire de Charlemagne; aujourd'hui, ville d'Allemagne. — 5. **Odieux** : méchant, qu'il faut haïr. — 6. **Complot** : accord de plusieurs personnes pour faire du mal. — 7. **Auguste** : grand, digne de respect; le titre d'Auguste était porté par les empereurs romains. — 8. **Pacifique** : qui aime la paix. — 9. **Enthousiasme** : très grande joie.

Questionnaire. — *Leçon.* — 49. De quels pays Charlemagne était-il maître? — 50. Les rois ne cherchèrent-ils pas son amitié? — 51. Qu'arriva-t-il le jour de Noël de l'an 800?

Récit. — 1. Que fit Charlemagne pour protéger l'Église? — 2. Pourquoi alla-t-il à Rome en 800? — 3. Comment le pape et les Romains voulurent-ils récompenser Charlemagne? — 4. Racontez le couronnement de Charlemagne. 5. Depuis combien de temps l'empire d'Occident était-il détruit?

Devoir. — Couronnement de Charlemagne par le pape Léon III.

18e LEÇON. — GOUVERNEMENT DE CHARLEMAGNE

52. Charlemagne gouverna son vaste [1] empire avec fermeté, et il fit de bonnes lois appelées capitulaires.

53. Chaque année, les « missi dominici » ou envoyés du maître parcouraient les provinces; ils écoutaient les plaintes des peuples et punissaient les magistrats [2] infidèles [3] à leur devoir.

54. Charlemagne n'oublia pas l'instruction : il ouvrit de nombreuses écoles, et appela dans ses États plusieurs savants étrangers, entre autres le célèbre moine anglais Alcuin.

Charlemagne visite l'école établie dans son palais.

RÉCIT. — Charlemagne et les écoles.

1. Charlemagne aimait les écoles, et il en créa beaucoup. Dans son propre palais, il établit l'**école palatine** [4], où les enfants des pauvres étaient instruits avec ceux des riches.

2. Il visitait souvent l'école palatine, écoutait les leçons

des maîtres, interrogeait les écoliers et examinait leurs devoirs.

3. Il arriva un jour que les enfants du peuple répondirent très bien et présentèrent à l'empereur des travaux soignés et bien faits, tandis que les fils des nobles répondirent mal et ne montrèrent que des devoirs négligés.

4. Charlemagne fit alors passer à sa droite les élèves laborieux, et leur dit avec bonté : *Mes enfants, je suis content de votre application à l'étude; efforcez-vous de continuer, et vous recevrez comme récompense des dignités* [5] *et de hauts emplois.*

5. Se tournant ensuite vers les paresseux demeurés à sa gauche, il leur lança ces paroles menaçantes : *Quant à vous, fils des grands de la nation, comptant sur votre fortune, vous avez négligé mes ordres pour vous abandonner aux jeux et à la paresse!* Puis, élevant le bras vers le ciel, il s'écria d'une voix de tonnerre : *Par le Roi des cieux, je fais peu de cas de votre noblesse et de votre beauté! et si vous ne réparez promptement votre négligence par une constante application, vous n'obtiendrez jamais rien de moi!*

Explication des mots.

1. **Vaste** : très étendu, très grand. — 2. Les **magistrats** : les gouverneurs et les juges. — 3. **Infidèles** à leur devoir : qui ne remplissaient pas leur devoir. — 4. L'école **palatine** fut ainsi appelée, parce que Charlemagne l'avait établie dans son palais. — 5. **Dignités** : fonctions honorables, comme celles d'abbé, d'évêque, d'envoyé du roi.

Questionnaire.—*Leçon.*—52. Comment Charlemagne gouverna-t-il son empire? — 53. Que savez-vous des *missi dominici?* — 54. Que fit Charlemagne pour l'instruction?

Récit. — 1. Charlemagne aimait-il les écoles? — 2. Que faisait l'empereur quand il allait visiter l'école palatine? — 3. Qu'arriva-t-il un jour aux enfants du peuple et à ceux des nobles? — 4. Où Charlemagne fit-il placer les bons élèves? Que leur dit-il? — 5. Quelles menaces fit-il aux paresseux?

Devoir. — 1. Racontez une visite de Charlemagne à l'école palatine. — 2. Tracez la carte de l'empire de Charlemagne, et placez sur cette carte les noms suivants : *Poitiers, Soissons, Mayence, Ravenne, Rome, Roncevaux.* — *Lombards, Avares, Saxons.*

19e LEÇON. — DÉMEMBREMENT [1] DE L'EMPIRE DE CHARLEMAGNE

55. Charlemagne mourut en 814. Ses faibles successeurs ne purent maintenir l'unité [2] de ses États. En 843, le traité de Verdun [3] partagea l'empire en trois royaumes : la France, l'Allemagne et l'Italie.

56. La France eut pour roi Charles le Chauve. Sous ce prince, les Normands commencèrent à ravager le royaume, et les seigneurs [4] se rendirent indépendants [5].

57. Dès lors, les successeurs de Charlemagne devinrent presque aussi faibles que les rois fainéants.

A l'approche des Normands, les paysans se réfugient
dans un château fort.

RÉCIT. — Les Normands.

1. Les **Normands** ou *hommes du Nord* venaient des rivages de la **Suède** et du **Danemark**.

2. Sous la conduite d'un chef intrépide, qu'ils appelaient *le roi de mer,* des troupes de Normands quittaient chaque année leur pays pour s'élancer sur l'Océan.

3. La mer était pour eux une seconde patrie, et sur leurs barques rapides ils chantaient au milieu des tempêtes : *L'ouragan*[6] *est à notre service, il nous mène où nous voulons aller.*

4. La religion belliqueuse[7] des Normands exaltait[8] encore leur courage : pour vivre immortel dans le palais d'**Odin,** leur dieu farouche, il fallait avoir succombé en brave sur le champ de bataille.

5. A partir du règne de Charles le Chauve, ces pirates[9] audacieux[10] remontèrent chaque année le cours des fleuves sur leurs barques légères, et s'établirent dans des îlots qu'ils transformèrent en véritables forteresses. De là, ils allaient piller les villages et les villes, et porter partout l'incendie et la mort. Ils revenaient ensuite dans leurs repaires[11], déchargeaient leur butin et couraient à de nouveaux pillages. Les hommes du Nord ravagèrent ainsi la France pendant cent ans.

6. A l'approche de ces terribles barbares, les populations épouvantées prenaient la fuite et cherchaient un refuge dans les châteaux forts.

Explication des mots.

1. Démembrement : partage. — **2.** Maintenir l'unité de ses Etats : empêcher ses États de se partager. — **3. Verdun** : ville située dans le département de la Meuse. — **4. Les seigneurs** : les grands propriétaires et les gouverneurs de provinces. — **5.** Se rendirent **indépendants** : devinrent leurs propres maîtres et n'obéirent plus au roi. — **6. Ouragan** : grande tempête. — **7.** Religion **belliqueuse** : qui fait aimer la guerre. — **8. Exaltait** encore leur courage : l'excitait, le rendait plus grand. — **9. Pirate** : voleur sur mer. — **10. Audacieux** : très hardi. — **11. Repaire** : lieu où se retirent des brigands, des voleurs, ou des bêtes féroces.

Questionnaire.—*Leçon.*—**55.** Quand mourut Charlemagne? Que devint l'Empire sous ses successeurs? — **56.** Qui fut roi de France? Qu'arriva-t-il sous ce prince? — **57.** A partir de Charles le Chauve, les successeurs de Charlemagne furent-ils bien puissants?

Récit. — **1.** D'où venaient les Normands? — **2.** Comment s'appelait le chef d'une troupe de Normands? — **3.** Avaient-ils peur sur l'Océan? — **4.** Que savez-vous de leur religion? — **5.** Parlez des ravages des Normands. — **6.** Où les populations trouvaient-elles un refuge contre les Normands?

Devoirs. — 1. Parlez du caractère et de la religion des Normands. — 2. Racontez les ravages des Normands.

DEUXIÈME PARTIE

LA FRANCE FÉODALE

20ᵉ LEÇON. — LA FÉODALITÉ

58. A partir de Charles le Chauve, les seigneurs, c'est-à-dire les ducs, les comtes [1] et les grands propriétaires, profitèrent du désordre causé par les invasions normandes pour ne plus obéir au roi.

59. Les seigneurs bâtirent des châteaux forts, puis ils s'attribuèrent [2] le droit de lever des impôts [3], de faire la guerre et de rendre la justice.

60. La France fut ainsi divisée en soixante mille petits États, ayant chacun leur souverain particulier. C'est ce qu'on appelle la féodalité.

Un vassal rendant hommage à son suzerain.

RÉCIT. — Le suzerain, le vassal, l'hommage.

1. On appelait **suzerain** le seigneur qui donnait une terre à un autre; celui qui recevait cette terre s'appelait **vassal.**

2. Le roi était le suzerain de tous les seigneurs; les ducs et les comtes, à qui il avait accordé des domaines [4] appelés *fiefs*, étaient ses vassaux, et ils lui rendaient *hommage*.

3. A leur tour, les vassaux du roi distribuaient des terres, c'est ainsi qu'ils devinrent suzerains et qu'ils se firent des vassaux.

4. **L'hommage** était une cérémonie par laquelle le vassal se reconnaissait l'*homme* de son suzerain, et promettait de le servir et de le défendre.

5. Pour rendre hommage, le vassal quittait son épée, son casque et ses éperons; puis, un genou en terre, il plaçait ses mains dans celles de son suzerain en disant : *Je vous promets fidélité*[5] *envers et contre tous*. Le suzerain le relevait en l'embrassant, et lui remettait ensuite une motte de gazon ou une branche d'arbre, représentant le domaine concédé[6].

6. Le suzerain ne pouvait reprendre le domaine, excepté dans le cas où le vassal se rendait coupable de *félonie*, c'est-à-dire de trahison[7].

Explication des mots.

1. **Duc** : gouverneur d'une province appelée duché; **comte** : gouverneur d'une province appelée comté. — 2. **S'attribuèrent** le droit : prirent le droit. — 3. **Impôt** : somme d'argent que les particuliers payent chaque année à l'État. — 4. **Des domaines** : des possessions en prés, forêts, champs cultivés. — 5. Je vous promets **fidélité** : je défendrai toujours votre personne et vos biens contre vos ennemis. — 6. **Concédé** : donné. — 7. **Trahison** : crime de celui qui combat contre son souverain ou contre son pays.

Questionnaire. — *Leçon.* — 58. Quels personnages ne voulurent plus obéir au roi à partir du règne de Charles le Chauve? — 59. Quels droits s'attribuèrent les seigneurs? — 60. Comment la France fut-elle divisée?

Récit. — 1. Qu'était-ce que le suzerain? Et le vassal? — 2. De qui le roi était-il suzerain? Qui lui rendait hommage? — 3. Comment les vassaux du roi devinrent-ils suzerains à leur tour? — 4. Qu'était ce que l'hommage? — 5. Comment se faisait la cérémonie de l'hommage. — 6. Le suzerain pouvait-il reprendre le domaine concédé?

Devoir. — Dites en quoi consistait la cérémonie de l'hommage.

2*

21ᵉ LEÇON. — LES NOBLES ET LE PEUPLE

61. Sous le régime féodal on appelait nobles tous les seigneurs. Ils avaient des châteaux forts, des guerriers, et ils étaient les maîtres de tous les habitants de leurs domaines.

62. Le peuple comprenait les vilains [1] et les serfs.

63. Les vilains étaient les artisans [2] et les cultivateurs libres.

64. Les serfs étaient les cultivateurs non libres. Les serfs étaient attachés à la glèbe, c'est-à-dire à la terre qu'ils cultivaient : ils ne pouvaient la quitter et ils changeaient de maître en même temps qu'elle.

Un château féodal.

RÉCIT. — Le château féodal.

1. Le château du seigneur se dressait ordinairement sur une colline élevée.

2. C'était un édifice vaste et sombre, entouré de larges fossés et de hautes murailles flanquées [3] de tours.

3. Un *pont-levis* [4], établi en face de la porte principale, permettait de franchir le fossé ; mais, à l'approche de l'ennemi, on relevait ce pont contre la porte, au moyen de fortes chaînes.

4. Au milieu de la cour intérieure, s'élevait une grosse tour appelée *donjon*, fortifiée par des tourelles, et entourée d'un fossé à pont-levis. C'est dans le donjon que le seigneur gardait ce qu'il avait de plus précieux.

5. Les cabanes des vilains et des serfs se groupaient autour du château féodal, bâti surtout pour servir de refuge aux populations contre la fureur des Normands.

6. Un *guetteur* [5] veillait nuit et jour au haut du donjon, pour observer la campagne. Si l'ennemi apparaissait au loin, le guetteur sonnait du cor ; aussitôt les hommes d'armes se préparaient à la défense, et les paysans, abandonnant leurs travaux, couraient chercher un asile auprès du seigneur.

7. Lorsque la première enceinte [6] était forcée par l'ennemi, les défenseurs du château se retiraient dans le donjon, et, quand tout espoir était perdu, ils s'évadaient par de longs souterrains conduisant ordinairement dans une forêt du voisinage.

Explication des mots.

1. **Vilains** : les vilains furent ainsi appelés parce qu'ils habitaient des maisons de campagne ou fermes nommées *villas*. — 2. **Artisans** : ceux qui ont un métier manuel, comme les charpentiers, les cordonniers... — 3. **Murailles flanquées** de tours : murailles fortifiées par des tours bâties sur leurs flancs ou côtés, de distance en distance. — 4. **Pont-levis** : pont qu'on peut lever à volonté. — 5. **Guetteur** : celui qui guette, qui surveille du haut d'une tour ou d'un clocher. — 6. **Enceinte**: muraille qui entourait le château ; quelques châteaux forts avaient deux et même trois enceintes.

Questionnaire.—*Leçon.*—**61.** Qui appelait-on nobles ou seigneurs sous le régime féodal ? — **62.** Que comprenait le peuple ? — **63.** Qui appelait-on vilains ? — **64.** Que savez-vous des serfs ?

Récit. — **1.** Où se dressait le château du seigneur? — **2.** Décrivez le château du seigneur. — **3.** Parlez du pont-levis. — **4.** Qu'était-ce que le donjon. — **5.** Où étaient les cabanes des vilains et des serfs ? — **6.** Que faisait le guetteur ? — **7.** Que faisaient les assiégés lorsque la première enceinte était forcée?

Devoir. — Dites ce que vous savez du donjon et du guetteur.

22ᵉ LEÇON. — LES DUCS DE FRANCE

65. Parmi les seigneurs qui résistèrent **aux** Normands, le plus illustre fut Robert le Fort, duc de France [1].

66. Il mourut glorieusement à Brissarthe [2], en combattant les pirates qui remontaient la Loire.

67. Son fils, Eudes, se rendit encore plus célèbre en défendant Paris contre les Normands.

Le comte Eudes défend Paris assiégé par les Normands, en 885.

RÉCIT. — Le siège de Paris par les Normands.

1. En 885, *trente mille Normands* remontèrent la Seine sur sept cents barques, et vinrent assiéger Paris.

2. A cette époque, la ville était encore renfermée dans l'île de la **Cité.** Elle ne communiquait avec ses faubourgs que par deux ponts de bois jetés sur les deux bras du fleuve. L'entrée de chaque pont était défendue par une grosse tour, et la ville était entourée de remparts [3].

3. Dès le premier jour, les Normands donnèrent l'assaut; mais les Parisiens se défendirent vaillamment, sous la conduite de **Gozlin,** leur évêque, et du comte **Eudes,** fils de Robert le Fort.

4. Le lendemain, l'attaque recommença avec plus de fureur : les pirates s'avançaient en lignes serrées, se formant un toit de leurs boucliers[4], et frappant les murs avec de grosses poutres armées de fer. Mais, du haut des remparts, les assiégés lançaient d'énormes pierres pour briser les boucliers, et ils versaient à flots la poix enflammée et l'huile bouillante : les barbares, dévorés par le feu, s'enfuirent dans leur camp et dès lors ils se contentèrent de bloquer[5] la ville.

5. Le siège durait depuis un an ; beaucoup de braves Parisiens étaient morts. Eudes alla chercher du secours en Lorraine, et rentra dans la ville, en s'ouvrant un passage, l'épée à la main, au milieu d'une foule d'ennemis.

6. Enfin **Charles le Gros**[6] arriva à la tête d'une forte armée. Il aurait pu écraser les Normands, mais le lâche empereur aima mieux *acheter leur départ à prix d'or.* C'était les engager à revenir.

Explication des mots.

1. **Duc de France** : gouverneur, maître du duché de France, c'est-à-dire du pays situé entre la Seine et la Loire. — 2. **Brissarthe** : village situé dans le département de Maine-et-Loire, près d'Angers. — 3. **Remparts** : murs élevés et épais qui entourent un château ou une ville. — 4. **Bouclier** : arme défensive que les guerriers portaient au bras gauche, dans les combats, et qui servait à parer les coups de l'ennemi. — 5. **Bloquer** la ville : l'entourer pour empêcher toute communication avec le dehors. — 6. **Charles le Gros** : empereur d'Occident que les seigneurs avaient élu roi de France pour défendre le royaume.

Questionnaire. — *Leçon.* — **65.** Qui est-ce qui résista le mieux aux Normands ? — **66.** Comment mourut Robert le Fort ? — **67.** Que savez-vous du fils de Robert le Fort ?

Récit. — **1.** Que firent les Normands en 885 ? — **2.** Dites comment était Paris à cette époque. — **3.** Parlez du premier assaut des Normands. — **4.** Racontez l'attaque du deuxième jour. — **5.** Pourquoi Eudes alla-t-il chercher du secours en Lorraine près de l'Empereur ? Comment rentra-t-il dans Paris ? — **6.** Que fit Charles le Gros ?

Devoir. — Comparez la conduite d'Eudes et celle de Charles le Gros envers les Normands.

23ᵉ LEÇON. — L'ÉTABLISSEMENT DES NORMANDS EN FRANCE

68. Les rois étaient devenus trop faibles pour vaincre les Normands par les armes.

69. Charles le Simple traita [1] avec eux, et leur donna la partie de la France qu'on appelle aujourd'hui la Normandie.

70. Les Normands se firent chrétiens, et, sous la ferme administration de Rollon, leur chef, la Normandie devint bientôt une des provinces les plus florissantes [2] du royaume.

Au milieu d'une partie de chasse, Rollon oublie ses bracelets suspendus à un chêne.

RÉCIT. — Rollon.

1. Sous la conduite du célèbre **Rollon**, les hommes du Nord s'étaient emparés de Rouen, et ils continuaient de ravager la France.

2. Le roi **Charles le Simple** ne pouvait les vaincre par les armes ; il essaya de s'en faire des alliés [3] et signa avec eux le traité de *Saint-Clair-sur-Epte* [4], *en 912*.

3. Il donnait à Rollon sa fille **Gisèle** en mariage, et la partie de la France qu'on appela depuis la **Normandie.** En retour, les Normands s'engageaient à embrasser la *religion chrétienne,* et Rollon se reconnaissait *vassal* du roi de France.

4. A la cérémonie de l'hommage, Rollon devait, selon la coutume, baiser le pied du roi; le fier Normand s'y refusa en disant : *Jamais je ne baiserai le pied de personne!* Enfin, pressé par les seigneurs français, il ordonna à un de ses compagnons de le remplacer pour cette partie de la cérémonie. Le soldat s'avance; mais, aussi orgueilleux que son maître, il reste debout, saisit le pied du roi pour le porter à ses lèvres, et le lève si haut que le monarque surpris tombe à la renverse. Trop faibles pour venger cet affront, le roi et sa cour prirent le parti d'en rire.

5. Le nouveau duc protégea la religion et fit régner en Normandie l'ordre et la paix. Sa justice sévère épouvantait les malfaiteurs. On raconte que, voulant un jour se reposer au milieu d'une longue partie de chasse, il ôta ses bracelets d'or, les suspendit aux branches d'un chêne, sur le bord du chemin, et les oublia; les bracelets restèrent là trois ans, sans que personne osât y toucher, tellement on redoutait la sévérité de Rollon.

Explication des mots.

1. **Traita** avec eux : fit un traité, signa la paix à certaines conditions. — 2. **Florissante** : riche, puissante, heureuse. — 3. **Des alliés** : des amis qui lui prêtent secours. — 4. **Saint-Clair-sur-Epte** : village situé dans le département de Seine-et-Oise.

Questionnaire.—*Leçon.*—68. Les rois pouvaient-ils vaincre les Normands. — 69. Que fit Charles le Simple? — 70. Que devinrent les Normands?

Récit. — 1. Que firent les Normands sous la conduite de Rollon? — 2. Pourquoi Charles le Simple traita-t-il avec les Normands? Comment appelle-t-on ce traité? — 3. Dites les conditions du traité de Saint-Clair-sur-Epte. — 4. Qu'arriva-t-il à la cérémonie de l'hommage? — 5. Comment Rollon gouverna-t-il la Normandie?

Devoirs. — 1. Racontez comment Rollon rendit hommage à Charles le Simple. — 2. Dites comment Rollon gouverna la Normandie.

24ᵉ LEÇON. — LES GUERRES PRIVÉES [1]

71. Il y avait des seigneurs justes et bons, mais il y en avait aussi d'injustes et de méchants.

72. Ces derniers étaient presque toujours en guerre les uns contre les autres. Sous le plus léger prétexte [2], ils envahissaient les terres du seigneur voisin, et ravageaient les campagnes. Aussi les paysans étaient-ils souvent réduits à la plus affreuse misère.

73. L'Église vint à leur secours : avec l'appui des seigneurs justes et bons, elle établit la Trêve [3] de Dieu, qui diminua les souffrances du peuple.

Les évèques proclament la Trêve de Dieu, et les seigneurs jurent de l'observer.

RÉCIT. — L'Église et la Trêve de Dieu.

1. A cette époque, les **évêques** et les **abbés** étaient de véritables seigneurs, c'est-à-dire qu'ils possédaient de vastes domaines et avaient des vassaux et des serfs.

2. Les évêques et les abbés étaient bons pour leurs sujets : ils employaient leurs revenus à nourrir les pauvres, à bâtir des hôpitaux, des églises et des écoles.

Le peuple les aimait : *Il vaut mieux*, disait-il, *vivre sous la crosse que sous l'épée* [4].

3. Le peuple avait raison, car un grand nombre de seigneurs rendaient leurs sujets malheureux par des guerres continuelles. Et comme le château féodal était trop difficile à prendre, les soldats ne l'assiégeaient presque jamais : ils brûlaient les chaumières [5] des paysans et dévastaient les moissons, ce qui amenait d'horribles famines.

4. Pour remédier à tant de maux, les évêques proclamèrent la **Paix de Dieu,** qui défendait toutes les guerres privées. Mais ils ne furent pas obéis. Ils se réunirent alors, et, soutenus par le peuple et par les seigneurs amis de la paix, ils établirent la **Trêve de Dieu.**

5. La Trêve de Dieu défendait de faire la guerre pendant le carême tout entier, et depuis le mercredi soir jusqu'au lundi matin de chaque semaine. Elle défendait aussi d'attaquer les laboureurs et de ravager leurs récoltes.

Explication des mots.

1. **Guerres privées** : guerres que les seigneurs se faisaient entre eux. — 2. **Prétexte** : motif apparent, mauvaise raison. — 3. **Trêve** : acte par lequel des souverains s'engagent à ne pas se faire la guerre pendant un certain temps. La Trêve de Dieu fut ainsi appelée, parce que l'Église l'établit au nom de Jésus-Christ et en l'honneur de sa Passion. — 4. Comme signe de leur puissance, les évêques et les abbés portaient la crosse, et les seigneurs portaient l'épée. Vivre sous la crosse, c'était vivre sous l'autorité d'un évêque ou d'un abbé ; vivre sous l'épée, c'était appartenir à un seigneur. — 5. **Chaumière** : petite maison ordinairement couverte de chaume.

Questionnaire.—*Leçon.*—71. Tous les seigneurs se ressemblaient-ils ? — 72. Parlez des guerres des seigneurs. — 73. Qui est-ce qui vint au secours des malheureux paysans ?

Récit. — 1. En quoi les évêques et les abbés ressemblaient-ils aux seigneurs ? — 2. Les évêques et les abbés étaient-ils bons pour leurs sujets. — 3. Comment les méchants seigneurs rendaient-ils leurs sujets malheureux? — 4. Que firent les évêques pour mettre fin à ces malheurs ? — 5. Que défendait la Trêve de Dieu?

Devoir. — Dites pourquoi l'Église établit la Trêve de Dieu.

25ᵉ LEÇON. — LA CHEVALERIE

74. Pour adoucir les mœurs [1] des seigneurs et pour les rendre plus chrétiens, l'Église institua la chevalerie.

75. La chevalerie était une confrérie religieuse et militaire. Les chevaliers se consacraient [2] à la défense de la religion, des faibles, des veuves [3] et des orphelins [4].

76. Par leur loyauté [5] et leur courage, les chevaliers furent les modèles des guerriers de tous les temps.

La veillée d'armes.

RÉCIT. — Éducation et armement d'un chevalier.

1. Dès l'âge de sept ans, le jeune noble qui voulait devenir chevalier, quittait le château paternel et entrait comme **page** au service d'un guerrier célèbre. Le page servait son seigneur à table et se formait aux habitudes d'obéissance, de politesse et de courtoisie [6].

2. A quatorze ans, il devenait **écuyer.** Conduit à l'autel par son père et sa mère, il recevait du prêtre une épée bénite. Il s'exerçait alors à monter à cheval, à manier les armes, et suivait son seigneur à la guerre.

3. A vingt et un ans, il était armé **chevalier** dans une cérémonie solennelle [7]. Après s'être confessé, il revêtait une robe blanche, symbole [8] de pureté [9], une robe rouge, symbole de la foi, et il passait toute la nuit en prière à l'église : c'est ce qu'on appelait la *veillée d'armes*.

4. Le lendemain, après avoir entendu la messe et communié, il faisait serment de défendre toujours la religion, les faibles, les orphelins, et de ne jamais manquer à sa parole. Il venait ensuite, conduit par ses parrains d'armes, s'agenouiller devant son suzerain; celui-ci lui donnait sur l'épaule trois coups du plat de son épée, en disant : *De par Dieu, Notre-Dame, saint Michel et Monseigneur saint Georges, je te fais chevalier; sois preux* [10] *et loyal.*

5. On lui mettait son épée, son casque, sa cuirasse et ses éperons dorés, puis il sortait de l'église, s'élançait sur son cheval et le faisait caracoler sur la place aux acclamations du peuple.

Explication des mots.

1. Les **mœurs** : les habitudes. — 2. Se **consacraient** s'engageaient pour toute leur vie par un **serment** sacré. — 3. **Veuve** : femme dont le mari est mort. — 4. **Orphelin** : enfant dont le père ou la mère sont morts. — 5. **Loyauté** : qualité de celui qui est franc, qui ne trompe jamais. — 6. **Courtoisie** : manières polies, aimables. — 7. **Cérémonie solennelle** : belle cérémonie faite en public. — 8. **Symbole** : signe. — 9. **Pureté** : innocence, qualité de celui qui n'est pas souillé par le péché. — 10. **Preux** : brave, vaillant.

Questionnaire. — *Leçon.* — **74.** Pourquoi l'Eglise institua-t-elle la chevalerie? — **75.** Qu'était-ce que la chevalerie? — **76.** Parlez des grandes qualités des chevaliers.

Récit. — **1.** Que faisait à l'âge de sept ans celui qui voulait devenir chevalier? Quels étaient les devoirs du jeune page? — **2.** A quel âge devenait-il écuyer? Que faisait l'écuyer? — **3.** A quel âge devenait-il chevalier? Comment se préparait-il à être armé chevalier? — **4, 5.** Racontez la cérémonie de l'armement d'un chevalier.

Devoir. — Comment l'écuyer devenait-il chevalier?

26e LEÇON. — LES PREMIERS CAPÉTIENS

77. En 987, le duc de **France**, Hugues Capet, se fit proclamer roi à la place d'un descendant de Charlemagne.

78. Le duc de France possédait l'Ile-de-France et l'Orléanais. La couronne n'augmenta guère son pouvoir; et plusieurs seigneurs, tels que le duc de Normandie, le duc de Lorraine, le comte de Toulouse, étaient alors aussi puissants que le roi.

79. Sous le règne de Hugues Capet, Paris devint la capitale de la France. Les trois premiers successeurs de ce prince furent Robert le Pieux, Henri Ier et Philippe Ier.

La ville de Lutèce.

RÉCIT. — Paris, capitale de la France.

1. La ville de **Lutèce**, aujourd'hui **Paris**, était la forteresse d'un petit peuple gaulois appelé les **Parisii**, ou les **Parisiens**. Elle existait depuis cinquante ans environ, lorsque César commença la conquête de la Gaule.

2. Pendant longtemps, Lutèce ne dépassa pas l'île de la **Cité**. Mais, grâce à son heureuse situation sur la Seine, et non loin des confluents de la Marne et de l'Oise[1], elle devint bientôt très commerçante.

3. Les Romains réservèrent la navigation du fleuve à la société des *Bateliers de la Seine*. Cette société s'enrichit rapidement, et ses chefs devinrent les magistrats de Lutèce. Ils donnèrent pour armoiries [2] à la ville un léger navire, autour duquel on lisait cette devise [3] : *Il flotte et ne sombre pas* [4]. Le navire et la devise forment encore aujourd'hui les armes [5] de la ville de Paris.

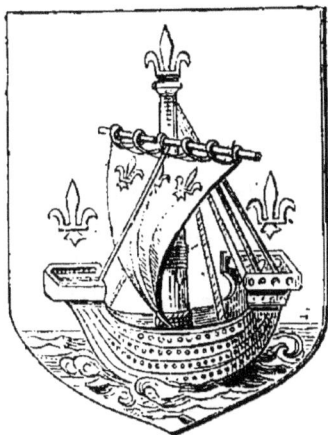
Armes de la ville de Paris
sous Philippe-Auguste.

4. Lutèce était difficile à prendre. Attila ne l'assiégea même pas. Clovis ne put s'en emparer de vive force; mais, après son baptême, les Parisiens, suivant les conseils de sainte Geneviève, lui ouvrirent leurs portes.

5. En 885, par son héroïque résistance contre les Normands, Paris devint la plus glorieuse cité du royaume. Longtemps après, on parlait encore, dans toute la France, du courage des Parisiens et de leurs exploits contre les pirates.

6. Les ducs de France résidaient à Paris. Lorsqu'ils montèrent sur le trône et prirent le titre de roi, ils continuèrent d'y résider le plus souvent. C'est ainsi que Paris devint la capitale de la France.

Explication des mots.

1. La **Marne** et l'**Oise** sont deux rivières qui se jettent dans la Seine, non loin de Paris. — 2. **Armoiries** : emblèmes, signes servant à distinguer une famille ou une ville. — 3. **Devise** : Courte phrase pour expliquer le sens de l'emblème. — 4. **Il flotte et ne sombre pas** : il vogue sur l'eau et ne s'enfonce pas dans les flots. — 5. **Armes** : armoiries.

Questionnaire.—*Leçon.*—77. Que fit le duc de France en 987 ? —**78.** Le duc de France devint-il plus puissant en devenant roi ? — 79. Que devint Paris, sous Hugues Capet et ses successeurs ?

Récit. — Que savez-vous de l'histoire de Paris ?

Devoir. — Comment Paris devint-il capitale de la France ?

27ᵉ LEÇON. — LES CROISADES

80. Vers le XIᵉ siècle, les Turcs, musulmans plus farouches encore que les Arabes, s'étaient emparés de Jérusalem, où est le tombeau de Notre-Seigneur Jésus-Christ.

81. Ils menaçaient d'envahir l'Europe, et ils accablaient de mauvais traitements les chrétiens qui allaient en pèlerinage au tombeau du Sauveur.

82. Sous l'inspiration [1] des papes, les chrétiens d'Occident entreprirent de grandes expéditions pour délivrer le Saint-Sépulcre de la domination musulmane.

83. Les guerriers qui y prirent part portaient une croix d'étoffe rouge sur la poitrine, c'est pourquoi on les appela les croisés, et leurs expéditions les croisades.

La première croisade est décidée au concile de Clermont, en 1095.

RÉCIT. — Pierre l'Ermite. Le concile [2] de Clermont.

1. La première croisade fut prêchée par le moine **Pierre l'Ermite.** C'était un ancien soldat, petit de taille et d'apparence chétive, mais rempli de foi et d'enthousiasme [3].

2. Dans un pèlerinage à Jérusalem, Pierre l'Ermite avait été témoin des cruels outrages que les Turcs faisaient subir aux chrétiens. Il en fut indigné[4]. De retour en Europe, il alla à Rome et obtint du pape **Urbain II** la permission de prêcher la guerre sainte.

3. Tête nue et pieds nus, monté sur une pauvre mule, Pierre l'Ermite parcourut la France. Il rassemblait les populations devant les églises ou sur les places publiques, et leur racontait les malheurs des chrétiens de Jérusalem. Il parlait si bien, que ses auditeurs[5] ne pouvaient retenir leurs larmes; les paysans, comme les seigneurs, faisaient le serment[6] d'aller délivrer la Terre sainte.

4. Le pape Urbain II réunit alors le **concile de Clermont** en Auvergne. Les seigneurs français et le peuple s'y rendirent en foule. Devant l'immense assemblée, Pierre l'Ermite rappela encore une fois les souffrances des chrétiens d'Orient. Urbain II se leva ensuite: *Guerriers chrétiens,* dit-il, *cessez vos luttes fratricides[7], car voici une guerre juste et sainte! Il ne s'agit plus de prendre un château à vos frères, mais de délivrer les lieux saints du joug des infidèles!*

Dieu le veut! Dieu le veut! s'écria aussitôt la multitude. La première croisade était décidée (1095).

Explication des mots.

1. **L'inspiration** : le conseil. — 2. **Concile** : assemblée d'évêques pour décider des questions religieuses. — 3. **Enthousiasme** : ardeur de l'âme qui pousse aux grandes choses. — 4. **Indigné** : saisi de colère. — 5. **Ses auditeurs** : ceux qui l'écoutaient parler. — 6. **Faisaient le serment** : promettaient devant Dieu. — 7. **Luttes fratricides** : luttes où des frères combattent contre leurs frères.

Questionnaire.—*Leçon.*—**80.** Qui s'était emparé de Jérusalem? — **81.** Pourquoi les chrétiens étaient-ils mécontents des Turcs? — **82.** Qui entreprit de délivrer le Saint-Sépulcre? — **83.** D'où viennent les noms de croisé et de croisade?

Récit. — **1.** Qu'était Pierre l'Ermite? — **2.** Pourquoi prêcha-t-il la guerre sainte? — **3.** Racontez comment Pierre l'Ermite parcourut la France et comment il prêchait la guerre sainte? — **4.** Que savez-vous du concile de Clermont?

Devoir. — Qu'appelle-t-on croisades? Quel était le but de ces expéditions?

28ᵉ LEÇON. — PREMIÈRE CROISADE

84. La première croisade fut prêchée dans toute la France par Pierre l'Ermite, et au concile de Clermont par le pape Urbain II.

85. Six cent mille guerriers prirent les armes en 1096. Ils traversèrent l'Europe, divisés en plusieurs bandes, et se réunirent à Constantinople [1] sous les ordres de Godefroy de Bouillon.

86. Arrivés en Asie, ils remportèrent de grandes victoires sur les Turcs et prirent d'assaut la ville de Jérusalem, le 15 juillet 1099.

Après s'être emparés de Jérusalem, les croisés prient à genoux devant le Saint-Sépulcre.

RÉCIT. — La prise de Jérusalem.

1. De Constantinople à Jérusalem, les croisés vainquirent les Turcs dans plusieurs grandes batailles, et s'emparèrent des villes de **Nicée** et d'**Antioche** [2]. Mais ils eurent beaucoup à souffrir de la chaleur, de la faim, de la soif, et un grand nombre succombèrent de fatigue. Lorsque l'armée arriva sous les murs de Jérusalem, elle ne comptait plus que trente mille combattants.

2. *Jérusalem! Jérusalem! Dieu le veut! Dieu le veut!* s'écrièrent les guerriers chrétiens, en apercevant la ville

sainte; les uns brandissaient [3] leur épée, d'autres pleuraient de joie ou se prosternaient la face contre terre;
tous oubliaient leurs souffrances à la vue du Golgotha [4].

3. Ils assiégèrent la ville au moyen de *tours roulantes*
en bois, qu'ils faisaient ap-
procher des remparts. Re-
poussés dans une première
attaque, ils perdirent beaucoup de monde, mais rien
ne put les décourager. Ils
se préparèrent à de nou-
veaux combats par la prière,
le jeûne, la confession et la
communion. Enfin un der-
nier assaut fut livré le
vendredi 15 juillet 1099.
Vers trois heures du soir,

Tour roulante.

Godefroy de Bouillon s'é-
lança de sa tour sur les remparts, renversant une foule
d'ennemis sur son passage. Aussitôt les croisés se répandirent dans la ville et passèrent au fil de l'épée un
grand nombre de musulmans.

4. Godefroy fit cesser le carnage, et les chrétiens,
pieds nus et sans armes, allèrent en procession prier
dans l'église du Saint-Sépulcre.

Explication des mots.

1. **Constantinople** : capitale de l'empire d'Orient; aujour-
d'hui, capitale de la Turquie. — 2. **Nicée**, **Antioche** :
grandes villes de l'Asie Mineure ou Turquie d'Asie. Antioche
avait trois lieues de tour, et était appelée la *reine de l'Orient.*
— 3. **Brandissaient** leur épée : agitaient leur épée en l'air.
— 4. **Du Golgotha** : du Calvaire.

Questionnaire.— *Leçon.*— **84.**
Par qui la première croisade
fut-elle prêchée? — **85.** Combien
de guerriers prirent les armes?
où se réunirent-ils? — **86.** Que
firent les croisés en Asie?

Récit. — **1.** Racontez le voyage des croisés de Constantinople
à Jérusalem. — 2. Parlez de la
joie des croisés en apercevant
Jérusalem. — 3. Racontez le
siège et la prise de Jérusalem. —
4. Que firent les chrétiens après
s'être emparés de la ville?

Devoirs. — Racontez le voyage des croisés jusqu'à Jérusalem.

29ᵉ LEÇON. — LE ROYAUME DE JÉRUSALEM

87. Le pays conquis par les croisés forma le royaume de Jérusalem, dont Godefroy de Bouillon fut le premier chef.

88. Ce prince organisa la féodalité dans ses États, et donna à ses sujets des lois sages, connues sous le nom d'Assises de Jérusalem.

89. Pour défendre le nouveau royaume contre les Turcs, on établit deux ordres religieux et militaires, les Templiers [1] et les Hospitaliers [2].

Carte pour l'histoire des croisades.

RÉCIT. — Godefroy de Bouillon.

1. Le principal chef de la première croisade fut **Godefroy de Bouillon**, duc de Lorraine.

2. Sa force et son courage étaient extraordinaires : d'un seul coup d'épée il pourfendait [3] un cavalier revêtu de son armure. *Pourquoi donc êtes-vous si fort?* lui demandait un de ses amis. *C'est*, répondit-il, *parce que je suis pur.*

3. On raconte que, se promenant un jour loin du camp,

sur la lisière[4] d'une forêt, il entendit les gémissements d'un soldat attaqué par un ours affamé. Aussitôt, l'épée à la main, il court sur le féroce animal, le transperce et lui arrache sa victime.

4. Mais, dans cette lutte, le héros avait reçu une cruelle blessure; il rejoignit la troupe en perdant tout son sang et tomba bientôt évanoui[5]. On le crut mort. Toute l'armée le pleura plus que la perte d'une grande bataille. Heureusement Dieu exauça les prières des croisés et rendit la santé à leur chef.

5. Sa force et son courage n'avaient d'égale que sa piété. Il aimait à rester de longues heures dans les églises, priant et regardant les tableaux et les statues de la sainte Vierge et des saints.

6. Après la prise de Jérusalem, les croisés voulurent le proclamer **roi**, mais il refusa de prendre la couronne en s'écriant : *A Dieu ne plaise que je porte une couronne d'or où Jésus mon sauveur a porté une couronne d'épines!* Il prit seulement le titre de **baron du Saint-Sépulcre.**

Chevalier croisé.

Explication des mots.

1. **Templiers** : ordre religieux et militaire fondé à Jérusalem. La première maison de ces religieux était voisine des ruines du Temple; à cause de cette circonstance, ils furent appelés chevaliers du Temple ou Templiers. — 2. **Hospitaliers** : ordre religieux et militaire. Ils habitèrent d'abord un hôpital où ils recevaient les pèlerins : de là vint leur nom d'Hospitaliers. — 3. Il **pourfendait** : il fendait d'un seul coup du haut en bas. — 4. **Lisière** d'une forêt : bord d'une forêt. — 5. **Tomba évanoui** : sans connaissance.

Questionnaire. — *Leçon.* — 87. Que devint le pays conquis par les croisés? — 88. Comment fut organisé le royaume de Jérusalem? — 89. Que fit-on pour la défense du nouveau royaume?

Récit. — Racontez l'histoire de Godefroy de Bouillon.

Devoirs. — 1. Parlez du courage et de la piété de Godefroy de Bouillon. — 2. Tracez la carte des croisades, et placez les noms suivants : *Clermont, Constantinople, Nicée, Antioche, Jérusalem.*

30ᵉ LEÇON. — LOUIS VI ET LOUIS VII

90. Louis VI, dit le Gros, fils de Philippe Iᵉʳ, commença à relever la puissance royale : il punit sévèrement les seigneurs rebelles [1] ou pillards et rétablit l'ordre dans ses domaines.

91. Son fils, Louis VII, entreprit la deuxième croisade pour défendre le royaume de Jérusalem attaqué par les infidèles.

92. Ces deux princes eurent pour conseiller et pour ministre le célèbre Suger, abbé de Saint-Denis.

Saint Bernard prêche la deuxième croisade.

RÉCIT. — Suger. — Saint Bernard.

1. Deux moines illustres, **Suger** et **saint Bernard**, furent la gloire de la France au commencement du XIIᵉ siècle.

2. **Suger** était fils d'un pauvre cultivateur. Il fut élevé par charité dans l'abbaye de Saint-Denis, où il eut pour condisciple [2] et pour ami le jeune Louis VI.

3. Ayant embrassé la vie monastique [3], Suger devint abbé de **Saint-Denis** et conseiller des rois de France.

4. Chargé d'administrer le royaume pendant que Louis VII conduisait la deuxième croisade, il maintint

l'ordre et la paix et gouverna avec tant de sagesse, que le roi, à son retour, lui donna le glorieux titre de *Père de la patrie.*

5. **Saint Bernard** naquit au château de Fontaine-lès-Dijon. Après une jeunesse vertueuse, il se fit religieux et devint abbé du monastère de **Clairvaux**[4]. Sa réputation de vertu et de sagesse devint si grande, que les rois, les empereurs et les papes recherchaient ses conseils. Du fond de sa cellule[5] de Clairvaux, l'humble moine gouvernait pour ainsi dire l'Europe et l'Église.

6. Saint Bernard était l'homme e plus éloquent[6] de son siècle; aussi fut-il chargé par le pape de prêcher une nouvelle expé-

Abbaye de Saint-Denis.

dition contre les musulmans, qui menaçaient Jérusalem.

7. Sa parole ardente, sa sainteté et ses miracles transportaient les foules d'enthousiasme. A sa voix, le roi de France **Louis VII**, l'empereur d'Allemagne **Conrad III,** et un grand nombre de chevaliers entreprirent la *deuxième croisade.*

Explication des mots.

1. **Rebelle** : qui refuse d'obéir. — 2. **Condisciple** : compagnon d'études. — 3. Vie **monastique** : vie de moine. — 4. **Clairvaux** : ville située dans le département de l'Aube. — 5. **Cellule** : petite chambre de religieux. — 6. **Éloquent** : qui parle bien et décide ses auditeurs à faire ce qu'il dit.

Questionnaire. — *Leçon.* — **90.** Que savez-vous de Louis VI le Gros? — **91.** Quelle expédition fut entreprise par Louis VII? — **92.** Quel fut le conseiller de ces deux princes?

Récit. — **1.** Quels moines furent la gloire de la France au XIIe siècle? — **2.** Parlez de l'enfance de Suger. — **3.** Que devint Suger? — **4.** Parlez du gouvernement de Suger pendant la deuxième croisade. — **5.** Où naquit saint Bernard? Que devint-il? Quelle influence lui donna sa réputation de vertu et de sagesse? — **6.** Saint Bernard était-il éloquent? — **7.** Parlez de la prédication de la deuxième croisade.

Devoir. — Quel fut le rôle de saint Bernard dans la deuxième croisade?

31ᵉ LEÇON. — LES COMMUNES

93. Sous Louis le Gros, les habitants des villes s'associèrent [1] pour s'affranchir de la domination des seigneurs.

94. Par l'argent ou par les armes, ils obtinrent de leur seigneur une charte, c'est-à-dire un parchemin [2] où étaient écrits les privilèges [3] et les libertés de la commune.

95. Louis le Gros favorisa l'établissement des communes, parce qu'elles diminuaient la puissance des seigneurs.

Hôtel de ville avec son beffroi.

RÉCIT. — Les communes.

1. Vers l'époque de Louis le Gros, les principaux habitants des villes, marchands et artisans, ne voulurent plus subir les exigences [4] des seigneurs; ils commencèrent à former des associations pour la défense de leurs intérêts communs [5].

2. Dans chaque ville, les chefs de l'association allaient trouver le seigneur, et lui offraient de l'argent pour obtenir une *charte* d'affranchissement.

3. Quelquefois, lorsque le seigneur refusait, l'association demandait le secours du roi, et prenait les armes

pour conquérir sa liberté. Alors, la lutte était longue, mais elle se terminait presque toujours par la défaite du seigneur.

4. La ville qui obtenait une charte d'affranchissement prenait le nom de **commune**, parce que les affaires s'y réglaient en commun. Ses habitants choisissaient eux-mêmes leurs magistrats, appelés *maires* ou *échevins* dans le Nord de la France, et *consuls* dans le Midi.

5. La commune était entourée d'une épaisse muraille, et elle avait sa petite armée, qu'on appelait *milice communale*. Sur la plus grande place, s'élevait l'*hôtel de ville* : c'est là que se réunissaient les magistrats et les bourgeois, c'est-à-dire les principaux habitants, pour délibérer [6] sur les intérêts de la cité.

6. Un guetteur veillait jour et nuit au haut d'une tour nommée *beffroi*. Le guetteur tintait la cloche du beffroi pour annoncer les incendies ou le *couvre-feu* [7], il sonnait à grande volée pour signaler l'approche de l'ennemi.

Explication des mots.

1. S'associèrent : s'unirent. — **2. Parchemin** : Peau de mouton préparée pour écrire. — **3. Privilèges** de la commune : les droits de la commune ; par exemple, le droit d'avoir une petite armée pour la défense de la cité ; ou bien encore le droit de nommer les magistrats qui devaient gouverner la ville et fixer le chiffre de l'impôt. — **4. Les exigences** : les ordres injustes ou trop sévères. — **5. Intérêts communs** : intérêts de tous les habitants. — **6. Délibérer** : examiner. — **7. Couvre-feu** : ordre de se retirer chez soi le soir, et d'éteindre les feux et les lumières.

Questionnaire. — *Leçon.* — 93. Que firent les habitants des villes sous Louis le Gros ? — 94. Comment obtenaient-ils une charte ? Qu'était-ce qu'une charte ? — 95. Pourquoi Louis le Gros favorisa-t-il les communes ?

Récit. — 1. Pourquoi les habitants des villes formèrent-ils des associations ? — 2. Que faisaient les chefs de l'association pour obtenir une charte ? — 3. Si le seigneur refusait la charte, qu'arrivait-il ? — 4. Quel nom prenait la ville affranchie ? Comment étaient appelés ses magistrats ? — 5. Comment la commune était-elle fortifiée et défendue ? Parlez de l'hôtel de ville. — 6. Que savez-vous du guetteur ?

Devoir. — A quoi servaient l'hôtel de ville et le beffroi ?

32º LEÇON. — PHILIPPE-AUGUSTE

96. Philippe-Auguste, fils de Louis **VII**, agrandit la puissance royale et gouverna la France avec habileté.

97. Les infidèles ayant repris Jérusalem, **Philippe-Auguste** entreprit la troisième croisade, mais il ne put délivrer la ville sainte.

98. De retour en France, il punit les crimes de son vassal Jean sans Terre, roi d'Angleterre, en s'emparant de la Normandie.

99. Jean sans Terre voulut se venger, et il forma avec l'empereur d'Allemagne, et quelques seigneurs français révoltés, une ligue [1] puissante contre la France. Mais **Philippe-Auguste** vainquit l'empereur à la bataille de **Bouvines** [2], en **1214.**

Avant la bataille de Bouvines, Philippe-Auguste dit à ses chevaliers : *Si vous croyez que la couronne soit mieux portée par l'un de vous que par moi, je la céderai volontiers. Mais les barons s'écrièrent tous ensemble : Nous ne voulons pas d'autre roi que vous.*

RÉCIT. — Victoire de Bouvines.

1. L'empereur d'Allemagne, **Othon**, envahit la France avec cent mille hommes. L'armée française, composée de **chevaliers** et de milices communales, ne comptait que cinquante mille combattants. Elle rencontra l'ennemi près du pont de **Bouvines**, le 27 août **1214**.

2. Philippe-Auguste, fatigué, était descendu de cheval et dormait sous un arbre, auprès d'une église, lorsque des cavaliers accoururent et lui annoncèrent à grands cris qu'on apercevait les Allemands.

3. Aussitôt le roi entre à l'église, fait une courte prière et revêt son armure; puis, le visage joyeux comme s'il allait à une fête, il saute à cheval et s'écrie : *Aux armes, barons, aux armes !*

4. La bataille s'engage. Philippe est au premier rang, à la tête des milices communales. Des Allemands armés de longs crochets le renversent de cheval ; il va être percé de coups, lorsque ses chevaliers accourent et le délivrent. Il remonte à cheval et se précipite sur l'ennemi.

5. L'empereur, à son tour, est sur le point d'être pris par le chevalier **des Barres**, mais il échappe au danger et s'enfuit à toute bride, laissant sur le champ de bataille la moitié de son armée.

6. Le retour de Philippe-Auguste à **Paris** fut un vrai triomphe. Les rues des villes étaient jonchées[3] de fleurs et ornées de tapisseries[4]. Les paysans quittaient leurs travaux pour venir voir les prisonniers allemands. Ils se moquaient surtout de **Ferrand**, comte de Flandre, qui était enchaîné sur un char. *Ferrand*, lui criaient-ils, *te voilà bien ferré !*

Explication des mots.

1. **Ligue** : union de plusieurs princes contre un autre. — 2. **Bouvines** : village situé dans le département du Nord. — 3. **Jonchées** de fleurs : couvertes de fleurs. — 4. **Tapisseries** : étoffes précieuses où l'on a représenté des personnages ou des batailles à l'aide de fils d'or et de soie.

Questionnaire.— *Leçon.*—96. Comment gouverna Philippe-Auguste ? — 97. Parlez de la troisième croisade. — 98. Comment punit-il les crimes de Jean sans Terre ? — 99. Que fit Jean sans Terre pour se venger?

Récit. — 1. Quelle était la force des deux armées qui se rencontrèrent à Bouvines? — 2. 3. 4. 5. Parlez de Philippe-Auguste et de l'empereur dans le combat. — 6. Racontez le retour de Philippe-Auguste à Paris.

Devoir. — Courage de Philippe-Auguste à Bouvines.

33ᵉ LEÇON. — JEUNESSE DE SAINT LOUIS

100. Louis VIII, fils de Philippe-Auguste, fut surnommé le Lion, à cause de son ardent courage dans les combats. Il mourut en 1226, après trois ans de règne, laissant la couronne à son jeune fils Louis IX.

101. La reine mère [1], Blanche de Castille [2], fut chargée de gouverner le royaume pendant la minorité [3] de son fils. Elle soumit les seigneurs qui s'étaient révoltés, et donna au jeune Louis IX une éducation chrétienne et royale qui en fit un héros [4], un saint et le modèle des rois.

102. En 1242, le comte de la Marche se révolta. Il était soutenu par le roi d'Angleterre. Saint Louis les vainquit tous deux à Taillebourg [5] et à Saintes [6].

Blanche de Castille faisant l'éducation de saint Louis.

RÉCIT. — Éducation de saint Louis.

1. Blanche de Castille était pieuse, intelligente et ferme. Elle éleva son fils avec tendresse, mais aussi avec sévérité, et s'efforça d'en faire un bon chrétien et un bon roi.

2. Des maîtres religieux furent chargés de lui enseigner la religion et les sciences humaines.

3. Sa vertueuse mère lui inspira elle-même l'amour des pauvres et la crainte de Dieu. Elle lui apprit surtout que le péché mortel est le plus grand des malheurs. *Mon fils,* lui disait-elle souvent, *je*

Monnaie d'or de saint Louis.

vous aime plus que tout au monde ; cependant j'aimerais mieux vous voir mort à mes pieds que souillé d'un seul péché mortel!

4. La pieuse reine n'oubliait pas que son fils devait être un jour le roi de France ; aussi lui inspirait-elle une sincère affection pour son peuple, l'amour de la justice et une grande fermeté contre les méchants. *Beau fils,* disait-elle, *je vous prie de vous faire aimer de votre peuple, car j'aimerais mieux que la France fût bien gouvernée par un étranger que mal gouvernée par vous.* C'est en pratiquant ces belles leçons que Louis IX devint un grand saint et un grand roi.

Explication des mots.

1. La **reine mère** : la mère du jeune roi. — 2. **Castille** : province d'Espagne. — 3. **Minorité** : temps pendant lequel le roi était trop jeune pour gouverner. — 4. **Héros** : homme qui a un grand courage. — 5. **Taillebourg** : village situé dans le département de Charente-Inférieure. — 6. **Saintes** : ville située dans le département de Charente-Inférieure.

Questionnaire.—*Leçon.*—100. Que savez-vous de Louis VIII? — **101.** Comment gouverna la reine mère. — **102.** Qu'arriva-t-il en 1242?

Récit. — **1.** Quelles étaient les qualités de Blanche de Castille? Comment éleva-t-elle son fils? — 2. Que lui apprirent ses maîtres? — **3.** Quelles vertus lui inspira sa mère? Comment lui inspira-t-elle l'horreur du péché? — 4. Oublia-t-elle que son fils devait être roi? Que devint Louis IX en pratiquant les leçons de sa mère?

Devoir. — Comment Blanche de Castille éleva-t-elle son fils saint Louis?

34e LEÇON. — PREMIÈRE CROISADE DE S. LOUIS

103. Dans une maladie grave, saint Louis avait fait vœu [1], s'il guérissait, d'aller guerroyer outre-mer [2] contre les infidèles.

104. Revenu à la santé, le roi fit appel à ses chevaliers et s'embarqua pour l'Égypte [3], en 1248. Il s'empara de la ville de Damiette et remporta la victoire de Mansourah ; mais, atteint de la peste, il fut fait prisonnier avec une partie de son armée.

105. Après une dure captivité, saint Louis rendit Damiette pour sa rançon. Il alla ensuite visiter la Palestine [4], et ne revint en France qu'à la mort de sa mère, en 1254.

Courage de saint Louis pendant sa captivité. (N° 3 du Récit.)

RÉCIT. — Captivité de saint Louis.

1. Après la victoire de Mansourah, la peste se mit dans l'armée chrétienne, et Louis IX, atteint de la contagion, fut fait prisonnier avec la plus grande partie de ses soldats.

2. Le saint roi se montra encore plus grand dans les fers [5] que sur le trône : ni les souffrances de la maladie, ni les mauvais traitements de ses ennemis ne purent lui arracher une plainte : la prière et la confiance en Dieu soutinrent constamment son courage.

3. Un jour, un chef musulman entre furieux dans la tente du roi et s'écrie en brandissant son cimeterre [6] : *Fais-moi chevalier ou tu es mort.* — *Fais-toi chrétien*, répond saint Louis avec calme, *et je te ferai chevalier.*

4. Tant de fermeté excita l'admiration des infidèles eux-mêmes. *C'est le plus fier chrétien que nous ayons jamais vu*, disaient-ils ; *nous le gardons dans les fers, et il nous parle comme si nous étions ses captifs.*

5. Lorsque le sultan [7] lui proposa de se racheter, saint Louis répondit fièrement : *Un roi de France ne se rachète pas à prix d'argent ; je donnerai Damiette pour ma rançon et de l'or pour celle de mes chevaliers.*

Cimeterre.

6. Enfin le traité fut signé. Le roi rendit **Damiette** pour sa personne, et il paya *sept millions* pour ses soldats.

Explication des mots.

1. Avait fait **vœu** : avait promis à Dieu. — 2. **Guerroyer outre-mer** : faire la guerre dans les pays au delà de la mer. — 3. **Égypte** : contrée du nord-est de l'Afrique. Saint Louis alla combattre en Égypte, parce que le sultan de ce pays était maître de Jérusalem. — 4. **La Palestine** : la Terre sainte, sa capitale est Jérusalem. — 5. Dans les **fers** : dans la captivité. — 6. **Cimeterre** : sabre turc à lame large et recourbée. — 7. Le **sultan** : le souverain des musulmans.

Questionnaire. — *Leçon.* — 103. Quel vœu saint Louis avait-il fait dans une maladie ? — 104. Racontez la croisade de saint Louis en Égypte. — 105. Que fit saint Louis après sa captivité ?

Récit. — 1. Qu'arriva-t-il après la victoire de Mansourah ? — 2. Parlez du courage de saint Louis dans les fers. — 3. Racontez une histoire qui montre la fermeté de saint Louis. — 4. Que pensaient les infidèles à la vue de tant de fermeté ? — 5. Que dit Louis IX lorsque le sultan lui proposa de se racheter ? — 6. Quelles furent les conditions du traité ?

Devoirs. — 1. Fermeté de saint Louis dans sa captivité. — 2. Racontez la croisade de saint Louis en Égypte.

35ᵉ LEÇON. — GOUVERNEMENT DE SAINT LOUIS

106. Saint Louis s'efforça de rendre son peuple heureux. Roi apaiseur [1] et justicier [2], il rendait lui-même la justice et défendait les faibles contre la tyrannie [3] des méchants.

107. Il affaiblit la puissance des seigneurs et publia de bonnes lois, connues sous le nom d'Établissements.

108. Modèle de toutes les vertus, saint Louis fit aimer la royauté, et plaça la France au premier rang des nations.

Saint Louis rend la justice sous le chêne de Vincennes.

RÉCIT. — Saint Louis justicier.

1. *Bénis soient les apaiseurs!* telle était la maxime favorite de saint Louis. Sa bonté et sa charité ne dégénéraient [4] jamais en faiblesse : il savait refuser aussi hardiment qu'il savait donner, et il voulait une *justice sévère pour le riche comme pour le pauvre.*

2. Il diminua les guerres privées et établit un tribunal appelé **Parlement** pour juger les seigneurs.

3. Ce bon roi aimait à rendre lui-même la justice. Assis sous un chêne du bois de **Vincennes**[5], raconte le sire[6] de *Joinville*[7], son ami et son historien, il laissait approcher les pauvres, écoutait leurs plaintes et punissait leurs oppresseurs.

4. Le sire de **Coucy**[8] ayant fait pendre trois jeunes étudiants surpris à la chasse dans ses bois, le roi le fit juger par son parlement. Le coupable fut condamné à mort. Saint Louis lui fit grâce de la vie, mais il l'obligea de payer une si forte somme d'argent, que le riche seigneur en fut presque ruiné.

5. C'était la première fois, depuis Louis VI, que le roi osait punir ses vassaux. L'un d'entre eux dit alors devant Louis IX, pour se moquer de lui : *Si j'étais roi, je ferais pendre tous mes barons.* — *Non,* répondit saint Louis, *je ne les ferai pas tous pendre, mais je punirai tous ceux qui feront mal.*

6. Par son amour de la justice, et par ses lois sages, saint Louis a plus fait pour la grandeur de la **France** que les rois conquérants[9].

Explication des mots.

1. **Apaiseur** : qui calme la colère et rétablit la paix. — 2. **Justicier** : qui aime à rendre bonne justice. — 3. **Tyrannie** : dureté, violence oppressive. — 4. **Dégénéraient en faiblesse** : devenaient de la faiblesse. — 5. **Vincennes** : ville située dans le département de la Seine. — 6. Le **sire** : le seigneur. — 7. **Joinville** : ville située dans le département de la Haute-Marne. — 8. **Coucy** : village situé dans le département de l'Aisne. — 9. Les rois **conquérants** : les rois qui aiment la guerre, qui prennent des villes, des provinces.

Questionnaire — *Leçon.* — 106. Que fit saint Louis pour rendre son peuple heureux ? — 107. Laissa-t-il aux seigneurs toute leur puissance ? Quelles lois publia-t-il ? — 108. Fit-il aimer la royauté ? A quel rang plaça-t-il la France ?

Récit. — 1. Saint Louis était-il faible dans sa bonté ? — 2. Quel tribunal établit-il ? — 3. Dites comment il rendait la justice à Vincennes. — 4. Racontez la condamnation du sire de Coucy. — 5. Les vassaux furent-ils contents de cette condamnation ? — 6. Cet amour de la justice fut-il avantageux à la France ?

Devoir. — Parlez de la justice de saint Louis à l'égard des seigneurs.

36ᵉ LEÇON. — DEUXIÈME CROISADE DE S. LOUIS

109. Saint Louis ne pouvait se consoler de l'insuccès de sa croisade en Égypte, et il méditait[1] une nouvelle expédition contre les infidèles.

110. Aussi, son frère Charles d'Anjou, roi de Naples[2], n'eut pas de peine à l'engager dans une guerre contre Tunis[3], dont le sultan avait promis de recevoir le baptême. Après avoir rétabli la religion chrétienne à Tunis, Louis IX espérait aller à Jérusalem.

111. Les Français débarquèrent sur la côte d'Afrique; bientôt la peste se mit dans l'armée, et le roi, atteint du fléau, mourut sous les murs de Tunis, le 25 août 1270.

Mort de saint Louis devant Tunis, le 25 août 1270.

RÉCIT. — Mort de saint Louis.

1. Le soleil brûlant de la **Tunisie** accablait les Français. Bientôt la mauvaise nourriture et l'eau corrompue engendrèrent la peste. En quelques jours, le plus jeune fils du roi et un grand nombre de soldats succombèrent[4].

2. Louis IX se sentit lui-même frappé, mais il surmonta la souffrance et continua de remplir ses devoirs de roi. La pâleur de la mort sur le visage, il visitait encore les malades et défendait le camp contre l'ennemi ; ou bien, assis devant sa tente, il rendait la justice à ses sujets comme sous le chêne de Vincennes.

3. La maladie faisant des progrès, saint Louis voulut se préparer à la mort. Il reçut avec une grande ferveur les derniers sacrements, puis il appela son fils aîné, **Philippe,** et lui donna de sages conseils : *Mon cher fils,* lui dit-il, *je te recommande d'aimer Dieu et d'avoir pitié des pauvres. Ne surcharge pas ton peuple d'impôts ; fuis la compagnie des méchants et sois toujours bien soumis à notre Saint Père le pape.*

4. Le lundi matin, 25 août, il se fit coucher sur un lit de cendre et pria plusieurs fois pour son armée. Enfin, vers trois heures de l'après-midi, il joignit les mains sur sa poitrine, leva les yeux au ciel et rendit son âme à Dieu, en prononçant ces paroles du saint roi David : *Seigneur, j'entrerai dans votre maison et je vous adorerai dans votre saint temple.*

Explication des mots.

1. Il **méditait** une nouvelle expédition : il pensait aux moyens de faire une nouvelle expédition. — 2. **Naples :** grande ville du sud de l'Italie. — 3. **Tunis :** grande ville du nord de l'Afrique, capitale de la Tunisie. Saint Louis allait défendre le sultan, dans le cas où sa conversion exciterait la révolte de ses sujets. Lorsque les croisés débarquèrent, le sultan nia ses promesses, et il fallut le combattre.

Questionnaire. — *Leçon.* — 109. Saint Louis s'était-il consolé de l'insuccès de sa croisade en Égypte ? — 110. Dans quelle entreprise Charles d'Anjou engagea-t-il saint Louis ? — 111. Racontez la croisade de saint Louis à Tunis.

Récit. — 1. Quels maux accablèrent les Français en Tunisie ? — 2. Parlez du courage que montra le roi malade de la peste. — 3. Comment se prépara-t-il à mourir ? Quels sages conseils donna-t-il à son fils ? — 4. Racontez ses derniers moments.

Devoirs. — 1. Racontez les derniers moments de saint Louis. — 2. Tracez la carte des croisades, et placez sur cette carte les noms suivants : *Jérusalem, Égypte, Damiette, Mansourah, Naples, Tunis.*

3*

37ᵉ LEÇON. — LE XIIIᵉ SIÈCLE

112. Le XIIIᵉ siècle fut, pour l'Église et pour la France, la plus belle époque du moyen âge [1].

113. L'Église était alors aimée et respectée dans toute l'Europe, et le souverain pontife défendait les peuples contre la tyrannie des mauvais princes.

114. En France, le peuple était heureux, les hautes sciences étaient enseignées dans l'université [2] de Paris, et de superbes cathédrales [3] s'élevaient dans nos grandes villes.

La cathédrale de Paris.

RÉCIT. — Les écoles et les cathédrales au XIIIᵉ siècle.

1. L'université de Paris, fondée par les papes et protégée par les rois de France, était, du temps de saint Louis, la première école du monde. Les jeunes gens s'y rendaient en foule d'Angleterre, d'Allemagne, d'Italie : elle comptait plus de vingt mille étudiants.

2. Dans un grand nombre de villes et de villages, les

curés tenaient des **écoles gratuites**[4] pour les enfants
du peuple. Malheureusement, les désordres et les troubles
de la guerre de Cent ans allaient bientôt faire abandonner ces écoles durant plusieurs siècles.

3. Les **cathédrales** sont les plus beaux monuments[5]
de la piété de nos pères. Tout le monde
contribuait à les élever : les riches donnaient leur or, les pauvres leur travail.
L'enthousiasme était aussi grand que pour
les croisades. Les prélats[6] et les seigneurs
travaillaient avec les vilains. On voyait
des paysans, des châtelains, et même des
châtelaines, occupés à traîner, sur un
chariot bénit, la pierre et le bois néces-
saires pour construire la maison de Dieu.

Fenêtre ogivale.

Quelquefois, pendant la nuit, on allu-
mait des cierges et l'on travaillait en chantant des can-
tiques.

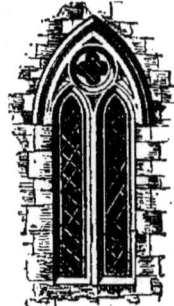

4. Ainsi furent élevées les magnifiques cathédrales
d'Amiens, de Reims, de Chartres, de Paris, de Lyon et
beaucoup d'autres, qui font encore aujourd'hui l'admiration des artistes[7].

Explication des mots.

1. **Moyen âge** : partie de l'histoire du monde comprise
entre les années 395 et 1453 après Jésus-Christ. — 2. **L'université** : grande école où l'on étudiait toutes les sciences
connues alors. — 3. **Cathédrale** : église principale d'un diocèse, église de l'évêque. — 4. **Écoles gratuites** : écoles où les
élèves ne payaient rien. — 5. **Monument** : bâtiment remarquable par sa grandeur et sa beauté. — 6. Les **prélats** : les
évêques. — 7. **Artistes** : ceux qui s'occupent des beaux-arts,
comme le dessin, la peinture, la sculpture, la musique...

Questionnaire. — *Leçon.* —
112. Le XIIIᵉ siècle fut-il une
belle époque ? — 113. Parlez de
l'Église au XIIIᵉ siècle. — 114.
Parlez de la France au XIIIᵉ siècle.
Récit. — 1. Que savez-vous
de l'université de Paris ? —
2. Y avait-il alors des écoles
pour le peuple ? — 3. Comment
les cathédrales furent-elles construites ? — 4. Quelles sont les
principales cathédrales élevées
au moyen âge ?

Devoir. — Que savez-vous des écoles du XIIIᵉ siècle ?

38ᵉ LEÇON. — LES SUCCESSEURS DE S. LOUIS

115. Philippe le Bel, petit-fils de saint Louis, était orgueilleux et cruel. Il agrandit le pouvoir royal par des moyens souvent injustes : ce ne fut pas un bon roi.

116. Philippe le Bel réunit les états généraux en 1302, et il les trompa pour obtenir leur appui dans ses démêlés[1] avec le pape Boniface VIII.

117. Il emprisonna les Templiers pour s'emparer de leurs biens, et fit brûler le grand maître[2] Jacques de Molay avec cinquante-neuf de ses chevaliers.

118. Dieu punit les crimes de ce prince : il mourut accablé de chagrins (1314), et ses trois fils, après des règnes fort courts, s'éteignirent sans laisser d'héritier à la couronne (1328).

Première assemblée des états généraux, en 1302.

RÉCIT. — Les états généraux.

1. Chez les Francs, c'était l'assemblée générale des guerriers de la tribu qui décidait les choses importantes, telles que la paix ou la guerre.

2. Après la conversion de Clovis, les évêques prirent part aux assemblées, à côté des guerriers.

3. Cette coutume fut conservée par Charlemagne, qui réunissait les hommes libres et les évêques deux fois chaque année, en *champ d'automne* et *champ de mai*[3].

4. Lorsque la féodalité eut divisé la France en un grand nombre de petits États, chaque seigneur, à l'exemple du roi, convoqua[4] ses vassaux; il n'y eut plus d'assemblée générale.

5. Deux classes[5] de la nation, le *clergé* et la *noblesse*, faisaient seules partie de l'assemblée convoquée par le roi. Mais, en 1302, Philippe le Bel ordonna aux *bourgeois*[6] des communes d'envoyer aussi près de lui leurs représentants[7].

6. L'assemblée des représentants du clergé, de la noblesse et des bourgeois prit le nom d'**états généraux.**

7. Dès lors, les bourgeois formèrent le *tiers état* ou *troisième état* dans la nation. Le mot *état* veut dire classe : il y avait donc trois grandes classes de Français : le **clergé,** la **noblesse** et la bourgeoisie ou **tiers état.**

Explication des mots.

1. **Démêlés** : difficultés, querelle. — 2. Le **grand maître** : le chef de l'Ordre. — 3. **Champ d'automne, champ de mai** : assemblées qui se réunissaient en automne ou au mois de mai. — 4. **Convoqua** : appela. — 5. Deux **classes** de la nation : deux parties de la nation, différentes en dignité et en fortune. — 6. **Bourgeois** des communes : principaux habitants des communes. — 7. Leurs **représentants** : les députés qui étaient choisis par eux et parlaient pour eux devant le roi.

Questionnaire. — *Leçon.* — **115.** Que savez-vous de Philippe le Bel? — **116.** Pourquoi réunit-il les états généraux? — **117.** Que fit-il aux Templiers? — **118.** Dieu punit-il les crimes de ce roi?

Récit. — **1.** Comment les choses importantes étaient-elles décidées chez les Francs? — **2.** Après Clovis, comment se composaient les assemblées? — **3.** Parlez des assemblées sous Charlemagne. — **4.** Que devinrent-elles au temps de la féodalité? — **5.** Qu'ordonna Philippe le Bel en 1302? — **6.** Qu'appela-t-on états généraux? — **7.** Quel état formèrent les bourgeois?

Devoir. — Que savez-vous des états généraux?

39ᵉ LEÇON. — PHILIPPE VI ET JEAN LE BON COMMENCEMENT DE LA GUERRE DE CENT ANS

119. En 1328, Philippe de Valois [1], neveu de Philippe le Bel, et Édouard III, roi d'Angleterre, voulaient être roi de France; les états généraux donnèrent la couronne à Philippe de Valois, qui prit le nom de **Philippe VI**.

120. Édouard III, mécontent, résolut de conquérir la France, et il commença la guerre de Cent ans.

121. Philippe VI fut vaincu par les Anglais à la bataille de Crécy [2] (1346), et laissa les ennemis s'emparer de Calais [3]. Son fils, Jean le Bon, fut également vaincu et fait prisonnier à la bataille de Poitiers, en 1356.

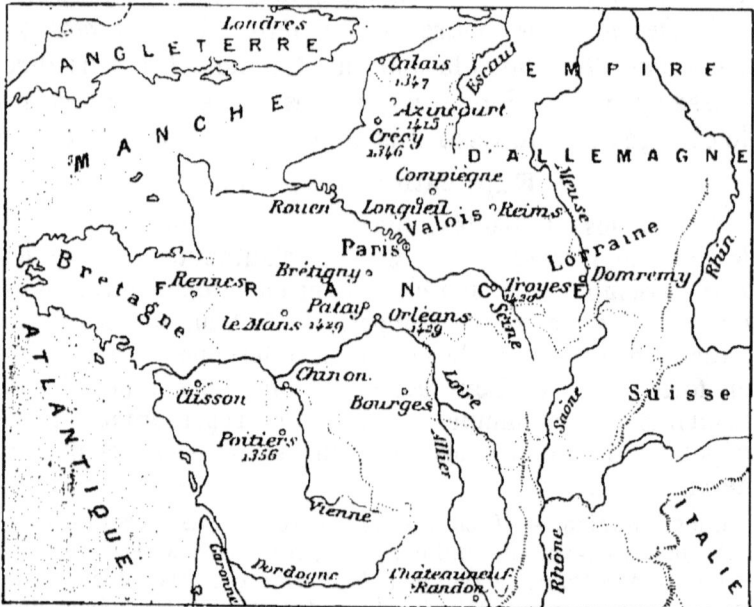

Carte pour l'histoire de la guerre de Cent ans.

RÉCIT. — La défaite de Poitiers.

1. Jean le Bon était un brave soldat, mais un mauvais général. Avec lui, les Français ne gardaient aucun ordre de combat : ils rompaient les rangs et se renversaient les uns les autres pour arriver les premiers à l'ennemi.

2. Les Anglais, au contraire, étaient commandés par des chefs habiles et leur obéissaient très bien. Aussi furent-ils aisément vainqueurs à la bataille de **Poitiers.**

3. Le roi Jean, à la tête de cinquante mille hommes, attaqua dix mille Anglais commandés par le **prince Noir** [4], et retranchés [5] sur une colline, près de Poitiers. Chargés de lourdes armures de fer, montés sur des chevaux bardés [6] de fer, les chevaliers français avancent en désordre dans un étroit sentier et sont tués par les archers [7] anglais.

4. Bientôt toute l'armée est en déroute. Cependant le roi, tête nue, une hache à la main, continue la lutte et renverse tous ceux qui l'approchent. Son fils **Philippe,**

Arbalétriers.

âgé de quatorze ans, se tient près de lui et l'avertit du danger en criant : *Père, gardez-vous à droite! Père, gardez-vous à gauche!* Mais enfin, épuisé de fatigue et entouré d'ennemis, Jean le Bon est obligé de se rendre.

5. Le prince Noir traita avec respect son prisonnier : le soir de la bataille il lui offrit un grand festin et le servit lui-même. Il le fit ensuite conduire en Angleterre.

Explication des mots.

1. **Valois** : pays comprenant une partie des départements de l'Oise et de l'Aisne. — 2. **Crécy** : village du département de la Somme. — 3. **Calais** : ville et port, dans le département du Pas-de-Calais. — 4. Le prince **Noir** : le fils d'Édouard III; on l'appela ainsi parce que son armure était noire. — 5. **Retranchés** : fortifiés. — 6. **Bardés** de fer: couverts de fer. — 7. **Archers** : soldats armés de l'arc.

Questionnaire. — *Leçon.* 119. Qui est-ce qui voulait être roi de France en 1328? — 120. Que fit Édouard III mécontent? — 121. Où les rois de France furent-ils vaincus?

Récit. — Racontez la bataille de Poitiers.

Devoir. — Parlez de la bravoure du roi Jean à Poitiers.

40ᵉ LEÇON. — CHARLES V

122. Édouard III était maître de la moitié de la France lorsque Charles V, le Sage, succéda à son père Jean le Bon.

123. Le nouveau roi était habile. Il choisit pour commander ses armées le célèbre chevalier breton Du Guesclin et le créa connétable [1].

124. Du Guesclin délivra le royaume des Grandes compagnies [2] en les conduisant en Espagne, et il enleva aux Anglais presque tout ce qu'ils possédaient en France.

Du Guesclin au tournoi de Rennes.

RÉCIT. — Du Guesclin.

1. Bertrand Du Guesclin était fils d'un pauvre chevalier breton. *C'était,* disent les historiens, *l'enfant le plus laid qu'il y eût en Bretagne :* il avait le visage basané [3], le nez camus [4], de larges épaules et les manières brusques ; mais sous ces dehors peu agréables il cachait un cœur noble et généreux.

2. Dès sa jeunesse, Du Guesclin était d'une force prodigieuse et avait déjà le goût des batailles. Il luttait sans cesse contre les petits paysans du voisinage ; chaque jour, il rentrait au château paternel le visage en sang et les habits déchirés.

3. Du Guesclin n'avait que seize ans lorsqu'un **tournoi**[5] fut donné à Rennes[6] par le duc de Bretagne. Il désirait vivement y prendre part, mais son père, le trouvant trop jeune, lui refusa un cheval et des armes, et se rendit seul au tournoi. Après le départ de son père, Bertrand alla demander le cheval et l'armure d'un de ses cousins, et prit la route de Rennes.

4. Arrivé au tournoi, le jeune Du Guesclin, entre en lice[7] la visière[8] baissée : personne ne le reconnaît. Il renverse l'un après l'autre quinze chevaliers fameux, et lorsque son père croise le fer contre lui, Bertrand le salue de sa lance et refuse le combat.

5. Pendant que les spectateurs étonnés se demandent le nom de cet inconnu, une seizième lutte s'engage. Soudain un coup de lance enlève le casque du terrible jouteur : on reconnaît alors Bertrand Du Guesclin et on le proclame vainqueur du tournoi.

6. Devenu **connétable de Charles V,** Du Guesclin prit soin d'éviter les grandes batailles. Il harcelait sans cesse les Anglais et leur livrait un grand nombre de petits combats. Le connétable détruisit de la sorte plusieurs armées anglaises et reprit à Édouard III tout ce qu'il possédait en France, à l'exception de cinq villes.

Explication des mots.

1. **Connétable :** commandant de toutes les armées de France. — 2. **Grandes compagnies :** bandes de soldats qui, après la bataille de Poitiers, se firent brigands et pillèrent la France durant plusieurs années. — 3. **Basané :** de couleur noirâtre. — 4. **Nez camus :** nez plat et écrasé. — 5. **Tournoi :** fête militaire, jeu où des chevaliers joutaient ou combattaient les uns contre les autres. — 6. **Rennes :** capitale de la Bretagne, aujourd'hui préfecture du département d'Ille-et-Vilaine. — 7. **Lice :** Lieu préparé pour les combattants du tournoi. — 8. **Visière :** partie du casque qui se rabattait devant la figure.

Questionnaire. — *Leçon.* — 122. Que possédait Édouard III en France lorsque Charles V devint roi? — 123. Quel fut le général de Charles V? — 124. Que fit Du Guesclin pour la France?

Récit. — 1. Faites le portrait de Du Guesclin. — 2. Parlez de sa force et de son goût pour les batailles. — 3, 4, 5. Racontez comment, à l'âge de seize ans, il fut vainqueur dans un tournoi. — 6. Comment Du Guesclin faisait-il la guerre aux Anglais?

Devoir. — Que savez-vous de la jeunesse de Du Guesclin?

41ᵉ LEÇON. — CHARLES VI

125. Charles VI faisait espérer un règne assez heureux, mais il devint fou à l'âge de vingt-quatre ans : ce fut un grand malheur pour la France.

126. Le frère du roi, Louis d'Orléans, et son oncle, Jean sans Peur, duc de Bourgogne, se disputèrent le pouvoir. Le royaume se divisa alors en deux partis, Armagnacs [1] et Bourguignons [2], qui se firent une guerre impitoyable.

127. Profitant de nos discordes [3], les Anglais envahirent de nouveau la France, et gagnèrent la bataille d'Azincourt [4], en **1415.**

Charles VI dans la forêt du Mans (1392).

RÉCIT. — Démence [5] de Charles VI.

1. A la tête de son armée, Charles VI allait punir le duc de Bretagne, qui avait donné asile à l'assassin du connétable Olivier de Clisson.

2. On traversait la forêt du **Mans** [6]. C'était au mois d'août, la chaleur était accablante.

Tout à coup sort de derrière un arbre un homme

vêtu de blanc, pieds nus et les cheveux en désordre. Il saisit le cheval du roi par la bride et s'écrie d'une voix terrible : *Noble sire, ne chevauche pas plus avant, tu es trahi !* Les hommes d'armes accourent, frappent l'inconnu sur les mains et lui font lâcher prise. Comme il avait l'air d'un fou, on le laissa aller sans s'inquiéter de rien.

4. Charles VI fut épouvanté de cette apparition subite, cependant il continua sa route.

5. Bientôt après, un de ses pages, qui sommeillait, laissa tomber sa lance sur le casque d'un fantassin. Au bruit du fer, le roi tressaille[7], tire son épée et s'écrie : *En avant sur ces traîtres ! ils veulent me livrer à mes ennemis !* et il frappe ceux qui l'entourent.

6. Il était si furieux que personne n'osa se risquer à se saisir de lui. On le laissa courir et se fatiguer, poursuivant tantôt l'un, tantôt l'autre. Enfin un chevalier s'approcha par derrière et le prit à bras-le-corps[8]. On désarma le malheureux prince. Il ne dit pas un mot et ne reconnut personne : il était fou.

Explication des mots.

1. **Armagnacs** : les partisans du duc d'Orléans, frère de Charles VI. Le fils aîné du duc d'Orléans avait épousé la fille du comte d'Armagnac, puissant seigneur de Gascogne. — 2. **Bourguignons** : les partisans du duc de Bourgogne, oncle de Charles VI. — 3. **Discorde** : manque d'union. — 4. **Azincourt** : village du département du Pas-de-Calais. — 5. **Démence** : folie. — 6. **Le Mans** : aujourd'hui préfecture du département de la Sarthe. — 7. **Tressaille** : fait un mouvement subit et involontaire. — 8. Le prit à **bras-le-corps** : le serra dans ses bras, par le milieu du corps.

Questionnaire. — *Leçon.* — 125. La France espérait-elle beaucoup de Charles VI ? — 126. Quels princes se disputèrent le pouvoir ? — 127. Les Anglais profitèrent-ils de nos discordes ?

Récit. — 1. Pourquoi Charles VI allait-il en Bretagne ? — 2. Par où passait-il ? — 3. Qu'arriva-t-il pendant qu'on traversait la forêt du Mans ? — 4. Charles VI eut-il peur ? — 5. Quelle circonstance vint encore troubler l'esprit du roi ? — 6. Comment désarma-t-on le malheureux prince ?

Devoir. — Racontez comment Charles VI fut atteint de folie ?

42ᵉ LEÇON. — CHARLES VII

128. A l'avènement [1] de Charles VII, les Anglais avaient conquis presque toute la France et les Bourguignons étaient leurs alliés. Ils se moquaient du jeune prince et l'appelaient le petit roi de Bourges [2].

129. Malgré l'habileté de ses capitaines, Charles VII fut vaincu en plusieurs rencontres [3], et les Anglais vinrent assiéger Orléans.

130. Après sept mois de siège, la ville allait être obligée de se rendre et la France était perdue, lorsque Dieu envoya Jeanne d'Arc pour la sauver.

Jeanne d'Arc entend la voix de l'archange saint Michel.

RÉCIT. — Jeanne d'Arc à Domremy. Sa mission.

1. **Jeanne d'Arc** naquit au village de **Domremy** [4], sur la frontière de la champagne et de la Lorraine. Ses parents étaient de pauvres laboureurs de *bonne vie et renommée* ; ils l'employèrent aux travaux du ménage et à la garde des troupeaux.

2. Jeanne était très pieuse et très charitable : elle allait souvent prier Dieu dans l'église, et son bonheur était de soigner les malades ou d'assister les pauvres.

3. Animée d'un ardent amour pour la France, elle pleurait en entendant le récit des malheurs de son pays et priait Dieu de le délivrer des Anglais.

4. Vers l'âge de treize ans, Jeanne se trouvait un jour d'été, à midi, dans le jardin de son père. Elle vit une grande lumière et entendit une voix qui disait : *Jeanne, sois bonne et sage, va souvent à l'église.* La jeune fille eut peur. Quelques jours après, elle entendit encore plusieurs voix célestes, et l'archange saint Michel lui apparut avec sainte Catherine et sainte Marguerite.

5. Dès lors les voix lui répétèrent souvent : *Jeanne, va délivrer le roi et lui rendre son royaume.* — *Je ne suis qu'une humble fille des champs*, répondait-elle toute tremblante, *je ne saurais chevaucher, ni conduire des hommes d'armes.* Et les voix reprenaient : *Ne crains rien, sainte Catherine et sainte Marguerite viendront t'assister. Va*, **délivre Orléans** *et* **fais sacrer le roi à Reims,** *car c'est la volonté de Dieu.*

6. Jeanne résista quatre ans. Mais les **voix** devenant chaque jour plus pressantes, elle résolut d'obéir à Dieu. Après avoir obtenu la permission de son **père**, **elle alla** trouver Charles VII.

Explication des mots.

1. **Avènement** de Charles VII : arrivée de Charles VII au trône. — 2. **Bourges** : capitale du Berry, aujourd'hui préfecture du département du Cher. Cette ville était la plus importante que possédât encore Charles VII, c'est pourquoi les Anglais l'appelaient le *petit roi de Bourges*. — 3. **En plusieurs rencontres** : en plusieurs batailles. — 4. **Domremy** : village situé dans le département des Vosges.

Questionnaire. — *Leçon.* — 128. Parlez de la puissance des Anglais en France à l'avènement de Charles VII. — 129. Charles VII fut-il vainqueur des Anglais? — 130. La ville d'Orléans put-elle résister longtemps? Dieu eut-il pitié de la France?
Récit. — 1. Où naquit Jeanne d'Arc? — Que savez-vous de ses parents? — 2. Parlez de la piété et de la charité de Jeanne d'Arc. — 3. Jeanne d'Arc aimait-elle bien la France? — 4. Que lui arriva-t-il d'extraordinaire à l'âge de treize ans? — 5. Que lui disaient ses voix? — 6. Jeanne obéit-elle de suite à ses voix?

Devoir. — Dites comment le Ciel fit connaître à Jeanne d'Arc sa mission.

43ᵉ LEÇON. — JEANNE D'ARC A CHINON

131. Jeanne quitta Domremy avec une faible escorte[1], traversa plusieurs provinces occupées par les ennemis, et arriva heureusement à Chinon[2], où se trouvait Charles VII.

132. Introduite dans la grande salle du château, elle alla droit au roi. Cependant elle ne l'avait jamais vu, et rien ne le distinguait des courtisans. « Gentil prince, lui dit-elle, je suis envoyée de Dieu pour délivrer Orléans et vous mener sacrer à Reims. »

133. Jeanne obtint du roi une petite armée et délivra la ville d'Orléans, le 8 mai **1429.**

Jeanne d'Arc à Chinon. — Elle reconnaît le roi qui s'était déguisé et caché au milieu de la foule des seigneurs.

RÉCIT. — Délivrance d'Orléans et sacre de Charles VII.

1. Jeanne, à la tête de sa petite armée, se mit en marche pour Orléans. Devant elle un écuyer portait son étendard[3] blanc, où l'on voyait l'image de Notre-Seigneur avec ces mots : *Jesu, Maria.*

2. Elle passa en plein jour au milieu des Anglais dont les bras semblaient enchaînés, et fit son entrée dans la ville au son des cloches et aux acclamations du peuple.

3. Elle dit ensuite aux officiers et aux soldats : *Si vous voulez que Dieu nous soit en aide, confessez-vous et renoncez au péché.* Tous obéirent et se confessèrent.

4. Alors elle ordonna l'attaque des bastilles[4] anglaises qui entouraient la ville. A la bastille des **Tournelles,** Jeanne, son étendard à la main, saisit une échelle et monte la première à l'assaut. Un trait[5] d'arbalète la blesse à l'épaule et la renverse. A la vue de son sang qui coule, la pauvre fille se met à pleurer. Mais voyant les Français reculer, elle arrache elle-même le fer de sa blessure, monte à cheval, ramène les fuyards au combat, et la bastille est emportée.

5. Le lendemain, 8 mai 1429, les Anglais épouvantés levaient le siège d'Orléans.

Étendard de Jeanne d'Arc.

6. Après une nouvelle victoire à **Patay**[6], la Pucelle[7], sans perdre de temps, conduisit Charles VII à Reims. La cérémonie du sacre fut touchante; Jeanne y assistait à côté du roi, son étendard à la main : *Il avait été à la peine,* dit-elle plus tard à ses juges, *c'était bien juste qu'il fût à l'honneur.*

Explication des mots.

1. **Escorte** : troupe armée qui accompagne et protège quelqu'un. — 2. **Chinon** : ville du département d'Indre-et-Loire. — 3. **Étendard** : drapeau. — 4. **Bastille** : espèce de château fort. — 5. **Trait** d'arbalète : flèche. — 6. **Patay** : village du département du Loiret. — 7. **Pucelle** : jeune fille. On a surnommé Jeanne d'Arc la *Pucelle d'Orléans.*

Questionnaire. — *Leçon.* — 131. Parlez du voyage de Jeanne d'Arc à Chinon. — 132. Racontez comment elle se présenta au roi. — 133. Qu'est-ce que Jeanne obtint du roi?

Récit. — 1, 2. Comment Jeanne d'Arc entra-t-elle dans Orléans? — 3. Que recommanda-t-elle aux soldats pour obtenir le secours de Dieu? — 4, 5. Racontez la délivrance d'Orléans. — 6. Que fit la Pucelle après la délivrance d'Orléans?

Devoir. — Racontez l'attaque de la bastille des Tournelles.

44e LEÇON. — LA CAPTIVITÉ, LE PROCÈS ET LA MORT DE JEANNE D'ARC

134. Après le sacre du roi, Jeanne continua de combattre les ennemis de la France. Mais elle fut prise à Compiègne [1] par les Bourguignons, qui la vendirent aux Anglais.

135. Elle fut conduite à Rouen [2], chargée de chaînes, et jetée dans une sombre prison, où elle souffrit beaucoup de la méchanceté de ses geôliers [3].

136. Des juges iniques [4], vendus [5] aux Anglais, firent à la jeune guerrière un odieux procès, et la condamnèrent injustement à être brûlée vive.

Mort de Jeanne d'Arc, sur la place du Vieux-Marché, à Rouen.

RÉCIT. — Le martyre de Jeanne d'Arc.

1. Dès le matin du 30 mai 1431, Jeanne se confessa et reçut la sainte communion.

2. A neuf heures, elle sortit de prison et fut conduite sur la place du **Vieux-Marché,** par huit cents Anglais armés de lances. En allant au supplice, la sainte fille pleurait et priait; la foule qui remplissait les rues pleurait et priait avec elle.

3. Arrivée sur le bûcher [6], Jeanne s'agenouilla, priant

encore Notre-Seigneur, saint Michel et ses saintes. Elle pleurait sur son pays, sur les assistants et sur elle-même. *Ah! Rouen! Rouen! disait-elle, j'ai grand'peur que tu n'aies à souffrir de ma mort!*

4. Elle fut ensuite liée au poteau et le bourreau alluma le bûcher. A la vue du feu, la jeune martyre pria son confesseur de descendre : *Tenez-vous en bas*, lui dit-elle, *élevez devant moi la croix où Notre-Seigneur est mort, afin que je la voie en mourant, et dites-moi de bonnes paroles jusqu'à la fin.*

5. La flamme s'élève et environne la victime; au même moment, elle voit les anges avec ses saintes, et elle s'écrie : *Saint Michel! saint Michel! Non, non, mes voix ne m'ont pas trompée! ma mission venait de Dieu.* Bientôt le feu la dévore : *Jésus! Jésus!* s'écrie-t-elle, puis elle expire.

6. Dix mille hommes pleuraient ; les plus cruels ennemis de Jeanne ne pouvaient retenir leurs larmes. Le secrétaire[7] du roi d'Angleterre s'en retourna en disant : *Nous sommes perdus, nous avons brûlé une sainte!*

Explication des mots.

1. **Compiègne** : ville située dans le département de l'Oise. — 2. **Rouen** : capitale de la Normandie, aujourd'hui préfecture du département de Seine-Inférieure. — 3. **Geôlier** : gardien d'une prison. — 4. **Inique** : injuste. — 5. Juges **vendus** aux Anglais : juges que les Anglais avaient payés pour condamner Jeanne d'Arc. — 6. **Bûcher** : tas de bois sur lequel on brûlait un condamné à la peine du feu. — 7. **Secrétaire** : celui qui écrit des lettres pour un autre.

Questionnaire. — *Leçon.* — 134. Que fit Jeanne d'Arc après le sacre du roi? Où fut-elle prise? — 135. Où fut-elle conduite? Que souffrit-elle en prison? — 136. A quel supplice fut-elle condamnée?
Récit. — 1. Comment Jeanne se prépara-t-elle à la mort? — 2. Parlez de la marche de Jeanne depuis sa prison jusqu'au bûcher. — 3, 4, 5. Racontez les derniers moments et la mort de Jeanne d'Arc. — 6. Quelle impression sa mort fit-elle sur les assistants?

Devoirs. — 1. Racontez la mort de Jeanne d'Arc. — 2. Tracez la carte de France, et placez sur cette carte les noms suivants : *Crécy, Calais, Poitiers, Azincourt, Domremy, Chinon, Orléans, Reims, Paris, Compiègne, Rouen.*

45e LEÇON. — FIN DE LA GUERRE DE CENT ANS. PATRIOTISME DU PEUPLE

137. La mort de Jeanne d'Arc éveilla le patriotisme national [1] dans tous les cœurs français. L'armée fut réorganisée et l'on continua à se défendre bravement.

138. Les Anglais perdirent leurs conquêtes; en 1453 ils ne possédaient plus en France que la ville de Calais.

139. Dans cette longue guerre, le peuple montra un ardent amour pour la patrie. Beaucoup de paysans combattirent en héros. L'un des plus populaires est le grand Ferré.

Le grand Ferré malade se défend seul contre douze Anglais.

RÉCIT. — Le grand Ferré.

1. Pendant la guerre de Cent ans, les habitants du petit village de **Longueil**, près de *Compiègne*, s'entendirent pour résister aux Anglais. Ils choisirent comme capitaine un grand et bel homme, appelé *Guillaume aux Alouettes*, et jurèrent de se défendre jusqu'à la mort. Le capitaine avait pour domestique un autre paysan très fort et très brave, c'était le **grand Ferré**.

2. Les Anglais, qui occupaient un château fort dans le

voisinage, se dirent un jour : *Allons chasser ces manants* [2]. Les paysans furent surpris et Guillaume aux Alouettes fut tué l'un des premiers.

3. A cette vue, le grand Ferré s'écria : *Compagnons, vendons chèrement notre vie; il n'y a pas de pitié à attendre!* Tous les paysans du village se précipitèrent alors sur les ennemis en frappant à coups redoublés, comme on *bat le blé dans l'aire;* le grand Ferré les dépassait tous de la tête : on le voyait brandir sa hache et frapper; pas un coup ne manquait son homme. Les Anglais étaient venus deux cents; bien peu réussirent à s'échapper. Le grand Ferré à lui seul en avait tué *plus de quarante.*

4. Mais le brave paysan s'était fort échauffé à ce combat. Il but de l'eau froide en quantité, fut pris de la fièvre et se mit au lit après avoir placé près de lui sa bonne hache de fer.

5. Quand les Anglais apprirent sa maladie, ils envoyèrent douze soldats pour le tuer. Sa femme les vit venir de loin et s'écria : *Mon pauvre Ferré, voici les Anglais, que vas-tu faire?*

6. Il se lève aussitôt, prend sa hache, tue cinq Anglais et met les autres en fuite.

7. Bientôt la fièvre redoubla; le grand Ferré reçut les derniers sacrements et trépassa [3] en bon chrétien. Tous les habitants du village le pleurèrent, car, lui vivant, jamais les Anglais n'auraient osé approcher.

Explication des mots.

1. Le patriotisme **national** : l'amour de la patrie, de la nation tout entière, et non pas seulement l'amour de la ville ou de la province que l'on habite. — 2. **Manant** : nom que l'on donnait aux paysans. — 3. **Trépassa** : mourut.

Questionnaire. — *Leçon.* — 137. Quel résultat eut la mort de Jeanne d'Arc? — 138. Les Anglais conservèrent-ils leurs conquêtes? — 139. Parlez du patriotisme du peuple dans la guerre de Cent ans.

Récit. — 1. Que firent les habitants de Longueil pour résister aux Anglais? — 2. Que dirent alors les Anglais du château fort voisin? — 3, 4, 5, 6. Racontez l'histoire du grand Ferré. — 7. Comment mourut-il?

Devoir. — Parlez de la force et du courage du grand Ferré.

46e LEÇON. — L'ARMÉE PERMANENTE

140. Jusqu'au milieu du **XV**e siècle, les princes renvoyaient leurs soldats aussitôt après la guerre, et ils ne conservaient pas d'armée pendant la paix.

141. Charles VII est le premier de nos rois qui établit une armée permanente [1]. Le connétable de Richemont y fit régner une discipline sévère : tout acte de maraude [2] était puni de mort.

142. Avec son armée permanente, le roi de France n'était plus à la merci [3] de la noblesse, et il se trouvait toujours prêt pour la guerre.

Mangonneau.   Bombarde.   Bélier.
Mousquet et canon.   Arc et arbalète.

RÉCIT. — Les armes à feu.

1. Plusieurs historiens attribuent l'invention de la poudre au moine anglais **Roger Bacon.**

2. Jusqu'à la guerre de Cent ans, les armes employées dans les combats étaient surtout la *lance* et l'*épée ;* on se servait aussi de l'*arc* et de l'*arbalète* pour lancer des flèches. Dans les sièges, on avait des machines en bois : le *mangonneau* pour lancer des pierres sur l'ennemi ; le *bélier,* pour battre les murs et les renverser.

3. C'est à Crécy, en 1346, qu'on se servit pour la première fois des armes à feu dans une bataille. C'étaient de gros canons appelés **bombardes,** qui lançaient, avec un bruit effrayant, des boulets en pierre. Les bombardes étaient formées de plaques de tôle roulées et entourées de cercles de fer.

4. Dans la suite, on perfectionna les canons et l'on donna à chaque soldat une arme à feu portative [4], appelée *canon à main* ou **mousquet.** Ce n'est qu'après un grand nombre de perfectionnements que les bombardes sont devenues nos canons à longue portée, et les mousquets nos fusils légers et à tir rapide.

5. *Les armes à feu changèrent l'art de la guerre :* un soldat de force ordinaire, armé d'un mousquet, pouvait tuer un géant couvert d'une cuirasse. Ainsi la force des chevaliers et leurs armures de fer devenaient presque inutiles dans les combats : la victoire appartint dès lors à l'habileté des mouvements et à la discipline.

6. *L'invention des armes à feu affaiblit la féodalité,* car, seul, le roi eut assez d'argent pour se procurer une puissante artillerie ; et comme le canon renversait les plus épaisses murailles, le seigneur qui osait se révolter était bientôt vaincu dans son château fort, jadis imprenable.

Explication des mots.

1. Armée **permanente** : armée qui existe toujours, même pendant la paix. — 2. **Maraude** : pillage ou vol. — 3. A la **merci** de la noblesse : forcé de demander l'aide de la noblesse, et parfois de se soumettre à ses volontés. — 4. Arme **portative** : arme qu'un homme pouvait porter et manier.

Questionnaire. — *Leçon.* — 140. Jusqu'au milieu du xve siècle les princes avaient-ils des armées en temps de paix? — 141. Quelle armée Charles VII établit-il? — 142. Quels avantages donnait au roi l'armée permanente?

Récit. — 1. A qui attribue-t-on l'invention de la poudre? — 2. Quelles armes étaient employées jusqu'à la guerre de Cent ans? — 3. Dans quelle bataille se servit-on pour la première fois d'armes à feu? — 4. Parlez du perfectionnement des armes à feu. — 5. Pourquoi les armes à feu changèrent-elles l'art de la guerre? — 6. Pourquoi l'invention des armes à feu affaiblit-elle la féodalité?

Devoir. — Quelles furent les premières armes à feu et quels changements introduisirent-elles dans l'art de la guerre?

TROISIÈME PARTIE

LES TEMPS MODERNES
PUISSANCE DE LA MONARCHIE

47ᵉ LEÇON. — LOUIS XI (1461-1483)

143. Louis XI gouverna la France avec habileté, mais il se montra souvent fourbe [1] et cruel. Pendant tout son règne, il lutta contre les seigneurs, principalement contre Charles le Téméraire, duc de Bourgogne.

144. Louis XI réunit au domaine royal la Bourgogne, l'Anjou, la Provence, et ruina [2] pour toujours la féodalité.

145. Il favorisa le commerce, institua les postes, et établit à Paris les premiers imprimeurs.

Louis XI et saint François de Paule, au château du Plessis-lès-Tours.

RÉCIT. — Caractère de Louis XI.

1. Louis XI ne ressemble ni aux princes qui ont régné avant lui, ni à ceux qui ont régné après lui.

2. Avec sa mine chétive et ses mauvais habits, il n'avait pas l'air d'un roi. Il aimait à vivre presque seul

dans son château, et ne s'entourait que de gens de basse condition[3] : son médecin **Coytier** et son barbier **Olivier le Dain** étaient ses favoris[4].

3. Patient et rusé, Louis XI fut un roi habile, qui agrandit beaucoup la France. Néanmoins on ne peut pas louer tous ses actes, parce qu'il dut souvent ses succès à la perfidie et à la cruauté.

4. Pendant tout son règne, Louis XI lutta contre les grands vassaux. Toutefois il livra peu de grandes batailles, il aimait mieux vaincre ses ennemis par la ruse. Il traitait avec eux séparément et les tournait les uns contre les autres. Sa maxime était : *Diviser pour régner*[5].

5. Les derniers jours du vieux roi furent remplis de terreurs. Retiré dans le sombre château du **Plessis-lès-Tours**, il tremblait à la seule pensée de la mort. Plus défiant que jamais, il redoutait sans cesse quelque complot, et faisait garder le château par quarante arbalétriers qui ne laissaient approcher personne.

6. Il fit venir saint **François de Paule** du fond de l'Italie, et le supplia de prolonger son existence. *Ce n'est pas la volonté de Dieu,* dit le saint, et il prépara le roi à faire une bonne mort.

Explication des mots.

1. **Fourbe**: trompeur, infidèle à ses promesses.—2. **Ruina la féodalité** : affaiblit beaucoup la féodalité. — 3. **Gens de basse condition** : gens du peuple. — 4. Ses **favoris** : ceux qui lui plaisaient le plus et à qui il donnait ses faveurs. — 5. **Diviser pour régner** : c'est-à-dire diviser ses ennemis et les empêcher de s'unir, afin d'être plus fort qu'eux.

Questionnaire. — *Leçon.* — 143. Comment Louis XI gouverna-t-il la France ? Que fit-il pendant tout son règne ? — 144. Quelles provinces Louis XI réunit-il au domaine royal ? — 145. Que fit Louis XI pour bien administrer son royaume?

Récit. — 1, 2. Parlez de la mine et de l'entourage de Louis XI. — 3. Louis XI fut-il un grand roi? — 4. Aimait-il les grandes batailles? Quelle était sa maxime? 5. Parlez des derniers jours de Louis XI au Plessis-lès-Tours. — 6. Pourquoi fit-il venir un saint auprès de lui?

Devoirs. — 1. Parlez du caractère de Louis XI. — 2. Louis XI au Plessis-lès-Tours.

48ᵉ LEÇON. — CHARLES VIII ET LOUIS XII

146. A la mort de Louis XI, sa fille, Anne de Beaujeu, gouverna sagement le royaume pour le jeune Charles VIII, son frère. Les seigneurs prirent les armes contre la régente [1], mais ils furent vaincus. Cette révolte fut appelée la guerre folle [2].

147. Charles VIII épousa l'héritière de la Bretagne, et fit une expédition en Italie.

148. Louis XII, son cousin, lui succéda. Il alla aussi faire la guerre en Italie et remporta de grandes victoires, mais il ne put garder ses conquêtes. Sa bonne administration le fit surnommer le Père du peuple.

Les clocheteurs publics annoncent dans les rues de Paris la mort du bon roi Louis XII (1515).

RÉCIT. — Louis XII, Père du peuple.

1. **Louis XII** fut, en définitive, malheureux dans les guerres d'Italie, cependant il gouverna la France avec tant de sagesse qu'il mérita le beau surnom de **Père du peuple**.

2. Louis XII aimait beaucoup ses sujets : il les rendit heureux en faisant régner partout la justice et en diminuant les impôts qui pesaient sur les laboureurs.

3. Son économie[3] était si grande qu'elle attirait les plaisanteries[4] des seigneurs de la cour. Loin de s'en offenser[5], le bon roi se contentait de dire : *J'aime mieux voir les courtisans rire de mon avarice que le peuple pleurer de mes dépenses.*

4. Il protégeait le bien des pauvres et punissait sévèrement les gens de guerre qui pillaient les paysans : *Nul,* dit un vieil historien, *n'eût été assez hardi pour rien prendre sans payer, et les poules couraient aux champs hardiment et sans risques.*

5. Quand Louis XII allait se promener à la campagne, monté sur sa petite mule, les paysans le suivaient en foule pendant des heures entières : chacun voulait le voir et toucher sa monture[6].

6. Un si bon roi était aimé de tous ses sujets ; aussi, lorsque les clocheteurs[7] publics parcoururent les rues de Paris en criant : *Le bon roi Louis, Père du peuple, est mort !* les larmes coulèrent de tous les yeux, et l'on entendit partout des cris de douleur.

Explication des mots.

1. La **régente** : la princesse qui gouvernait la France pendant la minorité du jeune roi. — 2. Guerre **folle** : cette guerre fut ainsi appelée parce que la royauté était alors si forte que c'était folie aux seigneurs de l'attaquer. — 3. **Économie** : soin d'éviter toute dépense inutile. — 4. Les **plaisanteries** : les rires, les moqueries. — 5. S'en **offenser** : s'en fâcher, s'en faire de la peine. — 6. Sa **monture** : la mule sur laquelle il était monté. — 7. **Clocheteurs** : crieurs publics qui annonçaient la nouvelle des trépas au son d'une clochette.

Questionnaire. — *Leçon.* — 146. Qu'arriva-t-il à la mort de Louis XI ? — 147. Dites les principaux actes de Charles VIII. — 148. Que savez-vous de Louis XII ?

Récit. — 1. Louis XII fut-il heureux dans les guerres d'Italie ? — 2. Aimait-il beaucoup ses sujets ? — 3. Que savez-vous de son économie ? — 4. Protégeait-il le bien des pauvres ? — 5. Qu'arrivait-il quand Louis XII allait se promener à la campagne ? — 6. Racontez la douleur du peuple à la mort de Louis XII.

Devoirs. — 1. Parlez de la bonté de Louis XII pour son peuple. — 2. Tracez la carte de France, et placez les noms suivants : *Bourgogne, Anjou, Provence, Paris, Plessis-lès-Tours, Bretagne, Italie.*

49ᵉ LEÇON. — L'IMPRIMERIE

149. L'imprimerie fut inventée par **Jean Gutenberg**, de Mayence [1], en 1436. C'est la plus importante des inventions du moyen âge.

150. Avant l'imprimerie, tous les livres étaient des manuscrits, c'est-à-dire des livres écrits à la main.

151. Les manuscrits étaient rares, on n'en trouvait que dans les monastères et chez les princes. L'imprimerie a multiplié les livres, et aujourd'hui tout le monde peut s'en procurer.

Jean Gutenberg (1400-1468).

RÉCIT. — Invention de l'imprimerie.

1. Les hommes qui reproduisaient les manuscrits s'appelaient *copistes*. Il y en avait plus de dix mille dans les seules villes de Paris et d'Orléans. Néanmoins les manuscrits étaient si *rares* qu'on regardait comme une merveille la bibliothèque du roi Charles V, qui comptait *neuf cents volumes* [2].

2. Ils étaient aussi très *chers* : une comtesse d'Anjou donna plus de deux cents brebis pour avoir un manuscrit contenant des sermons.

3. L'inventeur de l'imprimerie, **Jean Gutenberg,** naquit à **Mayence,** vers 1400. Avant lui, on savait déjà graver [3] sur une planche des *caractères* [4] *fixes* [5] formant des mots et des phrases, et on pouvait ainsi reproduire des pages entières. Il suffisait de noircir d'encre ces caractères et d'appliquer dessus une feuille de papier, sur laquelle on faisait passer un rouleau.

Lettres mobiles.

4. Mais ce moyen était long et difficile. En 1436, Gutenberg, alors à **Strasbourg** [6], eut l'idée de remplacer les caractères fixes par des *lettres mobiles* [7] et *séparées*. Ces lettres étaient en métal et coulées dans des moules. On les assemblait à volonté pour former les mots et les phrases.

5. L'imprimerie était inventée. Elle se répandit bientôt dans toute l'Europe. Le premier livre imprimé fut la Bible (1455). Gutenberg avait dépensé toute sa fortune à son invention; il mourut dans la pauvreté.

Explication des mots.

1. **Mayence** : ville d'Allemagne, sur le Rhin. — 2. **Volumes** : livres; on roulait les manuscrits et le mot **volume** veut dire proprement rouleau. — 3. **Graver:** tracer. 4. Des **caractères** : des lettres. — 5. Des caractères **fixes** : des lettres qui ne pouvaient être changées de place pour former d'autres mots. — 6. **Strasbourg** : grande ville d'Alsace près du Rhin; elle est au pouvoir de l'Allemagne depuis la guerre de 1870. — 7. Lettres **mobiles** : lettres qu'on pouvait déplacer.

Questionnaire. — *Leçon.* — 149. Par qui l'imprimerie fut-elle inventée? — 150. Comment étaient les livres avant l'imprimerie? — 151. Quel changement l'imprimerie opéra-t-elle dans la production des livres?

Récit. — 1. Qu'appelait-on copistes? Les manuscrits étaient-ils rares? — 2. Les manuscrits étaient-ils chers. — 3. Avant Gutenberg, savait-on reproduire des pages entières par un moyen semblable à l'imprimerie? — 4. Quelle heureuse idée eut Gutenberg? — 6. L'imprimerie se répandit-elle? Gutenberg profita-t-il de son invention?

Devoir. — Que savez-vous des copistes au moyen âge et de l'invention de l'imprimerie par Gutenberg?

50ᵉ LEÇON. — LA DÉCOUVERTE DE L'AMÉRIQUE

152. Au XVᵉ siècle, les navigateurs, guidés par la boussole [1], purent s'écarter des côtes [2] et entreprendre de longs voyages maritimes [3].

153. Christophe Colomb, navigateur génois [4] au service de l'Espagne, traversa l'océan Atlantique et découvrit le nouveau monde ou **Amérique, en 1492.**

154. Les pays nouveaux abondaient [5] en or et en riches produits de toutes sortes; aussi, les nations de l'Europe s'en emparèrent pour favoriser leur commerce. Ces conquêtes lointaines prirent le nom de colonies.

Christophe Colomb plante la croix en abordant au nouveau monde.

RÉCIT. — Christophe Colomb.

1. Jusqu'à la fin du XVᵉ siècle, les navigateurs longeaient les continents et n'osaient pas s'aventurer en pleine mer : on ne connaissait encore que l'Europe avec une partie de l'Asie et de l'Afrique.

2. **Christophe Colomb** voulut traverser l'océan Atlantique et découvrir des pays inconnus.

3. Colomb était un fervent chrétien; son but principal était de faire connaître Jésus-Christ à de nouveaux

peuples. Il voulait aussi, à l'aide des trésors qu'il espérait rapporter de ces riches contrées, arracher le tombeau du Sauveur à la domination musulmane.

4. Le hardi navigateur *obtint de* **l'Espagne** *trois petits vaisseaux* sur lesquels il s'embarqua avec cent vingt matelots.

5. La traversée fut longue. N'ayant pas vu la terre depuis trente jours, les marins prirent peur et se révoltèrent contre leur chef : les plus audacieux parlaient de le jeter à la mer s'il refusait de retourner vers l'Espagne. Mais l'intrépide Colomb demeura ferme et continua sa route.

6. Enfin, soixante-dix jours après le départ d'Europe, on aperçut une île verdoyante. *Terre! terre!* s'écria le pilote[6], et tout l'équipage tomba à genoux pour remercier Dieu. Colomb descendit le premier sur cette île[7] du nouveau monde *et y planta la croix.*

7. Dans un autre voyage, le grand homme fut accusé par des envieux et ramené en Europe chargé de chaînes. On reconnut son innocence, mais il mourut dans l'oubli, et n'eut pas même la gloire de donner son nom au continent qu'il avait découvert.

Explication des mots.

1. **Boussole** : instrument formé d'une aiguille aimantée et mobile, dont la pointe se dirige toujours vers le Nord, et guide ainsi les navigateurs. — 2. Les côtes : les bords de la mer. — 3. Voyage **maritime** : voyage sur mer. — 4. **Génois** : de la ville de Gênes, en Italie. — 5. **Abondaient en or** : avaient beaucoup de mines d'or. — 6. **Pilote** : marin qui dirige un vaisseau. — 7. **Colomb** donna à cette île le nom de *San Salvador,* en français *Saint-Sauveur.*

Questionnaire. — *Leçon.* — 152. Que firent les navigateurs à l'aide de la boussole? — 153. Qu'était Christophe Colomb? — 154. Que savez-vous des pays nouveaux?

Récit. — 1. Comment voyageaient les navigateurs avant le xvie siècle? Quelles parties du monde connaissait-on alors? — 2. Que voulut faire Christophe Colomb? — 3. Quel était son but? — 4. De qui obtint-il des vaisseaux? — 5. Parlez de la révolte de l'équipage. — 6. Racontez ce qui arriva quand on aperçut la terre. — 7. Christophe Colomb fut-il récompensé?

Devoir. — Racontez la découverte de l'Amérique par Christophe Colomb.

51ᵉ LEÇON. — FRANÇOIS Iᵉʳ

155. François Iᵉʳ, cousin de Louis XII, monta
sur le trône en 1515. C'était un prince loyal [1]
et brave, mais trop livré aux plaisirs.

156. On l'a surnommé le Père des lettres, à
cause de la protection éclairée [2] qu'il accorda
aux savants et aux artistes [3].

157. La première année de son règne, il franchit les Alpes à la tête d'une puissante armée,
et remporta sur les Suisses [4] la glorieuse victoire
de Marignan [5], qui le rendit maître du Milanais.

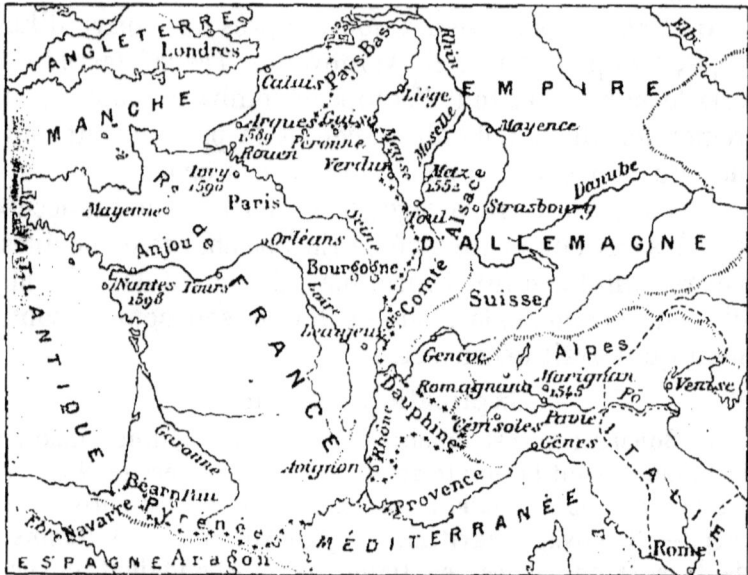

Carte pour l'histoire de France, du règne de Louis XI à celui de Louis XIII.

RÉCIT. — La bataille de Marignan.

1. C'était en 1515, l'armée française campait à **Marignan.** Le 13 septembre, les **Suisses,** armés de piques de
dix-huit pieds[6], s'avancent contre nous en trois colonnes
serrées. Notre canon fait d'énormes trouées dans leurs
bataillons épais, mais les vides sont refermés aussitôt.
Rien ne peut arrêter la marche en avant de ces intrépides
montagnards. Ils enfoncent la cavalerie et arrivent jusqu'à
l'artillerie, qu'ils essayent de diriger contre les Français.

2. Alors le roi, une pique à la main et suivi de **Bayard**, les charge[7] à la tête de son infanterie. Bientôt c'est une mêlée générale. La nuit surprend les combattants, elle n'arrête point la lutte, qui se prolonge plusieurs heures à la clarté de la lune.

3. Vers minuit, l'obscurité suspend le combat, et chacun reste à l'endroit où il se trouve : François Iᵉʳ repose sur l'affût[8] d'un canon, à quelques pas de l'ennemi. Bayard, qui a pénétré jusqu'au milieu des bataillons suisses, ne peut rejoindre les Français qu'en se traînant sur les genoux et les mains.

Artillerie de campagne sous François Iᵉʳ.

4. Au point du jour la lutte recommence. Enfin les Suisses, vaincus, abandonnent le champ de bataille couvert de dix-huit mille des leurs.

5. Un vieux guerrier, Trivulce, disait le soir du combat : *J'ai assisté à vingt batailles rangées, mais ce n'étaient que des jeux d'enfants auprès de celle-ci, qui est un vrai combat de géants.*

Explication des mots.

1. **Loyal** : qui ne cherche pas à tromper. — 2. Protection **éclairée** : protection sage, intelligente. — 3. **Artistes** : les architectes, les sculpteurs, les peintres, les dessinateurs, les musiciens. — 4. Les Suisses étaient au service du duc de Milan. 5. **Marignan** : village d'Italie, près de Milan. — 6. **Dix-huit pieds** : environ six mètres de longueur. — 7. Les **charge** : les attaque vigoureusement. — 8. **Affût** d'un canon : pièce de bois ou de métal qui supporte un canon.

Questionnaire. — *Leçon.* — 155. Dites ce qu'était François Iᵉʳ. — 156. Comment l'a-t-on surnommé ? — 157. Que fit-il la première année de son règne ?

Récit. — 1. Parlez de la marche des Suisses contre les Français, à Marignan. — 2. Racontez la charge du roi et la mêlée qui suivit. — 3. Comment le combat fut-il suspendu ? — 4. Qu'arriva-t-il le lendemain ? — 5. Que disait un vieux guerrier le soir du combat ?

Devoir. — Courage de Bayard et de François Iᵉʳ à Marignan.

52ᵉ LEÇON. — LUTTE DE FRANÇOIS Iᵉʳ
CONTRE CHARLES-QUINT

158. François Iᵉʳ soutint quatre guerres contre l'empereur Charles-Quint [1] dont la domination s'étendait sur l'Espagne, l'Italie, l'Allemagne et les Pays-Bas [2].

159. Dans la première, le roi de France perdit la grande bataille de Pavie [3] et fut fait prisonnier (1525). Le soir de cette journée, il écrivit à sa mère ces paroles célèbres : « Madame, tout est perdu fors [4] l'honneur. » Charles-Quint emmena son prisonnier en Espagne et lui fit subir une dure captivité.

160. Dans les autres guerres, François Iᵉʳ fut plus heureux. Les ennemis furent vaincus à Cérisoles [5], en 1544, et Charles-Quint signa un traité assez avantageux à la France.

Bayard mourant reproche au connétable de Bourbon d'avoir trahi la France

RÉCIT. — Bayard

1. Pierre du Terrail, seigneur de **Bayard,** naquit en Dauphiné, d'une antique et chrétienne famille.

2. A treize ans, il quitta le château paternel et se rendit à la cour en qualité de page. Au moment du départ, sa mère l'embrassa en pleurant et lui dit : *Pierre, mon cher fils, je vous fais trois commandements : aimez Dieu, soyez humble et loyal, montrez-vous charitable envers les malheureux.* L'enfant promit de suivre fidèlement les recommandations de sa mère et partit.

3. Il fit ses premières armes [6] en Italie avec Charles VIII. A la première bataille, il eut deux chevaux tués sous lui, et enleva un drapeau aux ennemis.

4. Sous Louis XII, il défendit tout seul, pendant une demi-heure, le pont du **Garigliano** [7] contre deux cents Espagnols, et sauva ainsi l'armée française. A Marignan, il se battit comme un lion, et le soir du combat, François Ier voulut être armé chevalier par Bayard.

5. Cet illustre capitaine était aussi vertueux que brave : il mérita le beau surnom de *Chevalier sans peur et sans reproche.*

6. Après la défaite de **Romagnano** [8], Bayard protégeait la retraite à l'arrière-garde, lorsqu'il fut blessé mortellement. *Jésus mon Dieu! je suis mort!* s'écriat-il. Il baisa ensuite la croix de son épée, et se fit asseoir contre un arbre, *le visage tourné vers l'ennemi, car, ne lui ayant jamais tourné le dos, il ne voulait pas commencer en mourant.* Il demanda un prêtre, se confessa à lui dévotement, et quelques heures après il expira en disant : *Mon Dieu, ayez pitié de moi selon votre grande miséricorde.*

Explication des mots.

1. **Charles-Quint** : Charles Cinq. — 2. **Pays-Bas** : la Belgique et la Hollande actuelles. — 3. **Pavie** : ville du nord de l'Italie. — 4. **Fors l'honneur** : excepté l'honneur. — 5. **Cérisoles** : ville du nord de l'Italie. — 6. **Fit ses premières armes** : combattit pour la première fois. — 7. **Garigliano** : petit fleuve du sud de l'Italie. — 8. **Romagnano** : ville du nord de l'Italie.

Questionnaire. — *Leçon.* — 158. Combien de guerres François Ier soutint-il contre Charles-Quint ? Quels pays possédait Charles-Quint ? — 159. Parlez de la première guerre. — 160. Qu'arriva-t-il dans les autres guerres ?

Récit. — 1. Où naquit Bayard? — 2. Racontez son départ pour la cour. — 3. Parlez des premières armes de Bayard. — 4. Courage de Bayard au pont du Garigliano. — 5. Quel beau surnom mérita Bayard? — 6. Où mourut-il ?

Devoir. — Racontez la mort de Bayard.

4*

53ᵉ LEÇON. — HENRI II

161. Henri II recommença la lutte contre Charles - Quint et s'empara des trois évêchés Metz [1], Toul [2] et Verdun [3].

162. Charles-Quint accourut avec cent mille hommes pour reprendre Metz, mais la ville fut héroïquement défendue par François de Guise, et l'empereur se vit obligé de lever le siège.

163. Peu de temps après, le duc de Guise enleva Calais aux Anglais, alliés de l'Espagne, et la guerre se termina à l'avantage de la **France** (1559).

164. Au temps de François Iᵉʳ et de Henri II, les protestants commencèrent à troubler le royaume.

Le duc de Guise fait recueillir et soigner comme des Français les nombreux malades que Charles-Quint avait abandonnés en levant le siège de Metz (1552).

RÉCIT. — Luther et Calvin.

1. Jusqu'au XVIᵉ siècle, tous les peuples de l'Europe occidentale étaient catholiques ; ils obéissaient au pape et le reconnaissaient comme vicaire de Jésus-Christ.

2. Mais au temps de François Iᵉʳ, un mauvais moine allemand, nommé **Luther,** se révolta contre le pape,

prétendit réformer [4] la religion, et entraîna dans l'erreur une grande partie de l'Allemagne.

3. Pour se faire des protecteurs puissants, il excita les seigneurs à s'emparer des biens des églises et des monastères.

4. Les doctrines nouvelles soulevèrent bientôt les pauvres contre les riches; Luther ordonna aux seigneurs de tuer les révoltés *comme des bêtes féroces*. Plus de cent mille de ces malheureux furent exterminés.

5. Les sectateurs de Luther prirent d'abord le nom de *réformés*, mais dans la suite on leur donna celui de *protestants*.

6. En France, **Calvin** fut un des premiers disciples de Luther. Chassé du royaume à cause de sa pernicieuse [5] doctrine et de sa mauvaise conduite, il se retira à **Genève** [6] et y exerça une autorité tyrannique. *Je vous défends d'obéir au pape*, disait l'orgueilleux sectaire [7], *mais je veux que vous obéissiez à Calvin*. Et il fit brûler le médecin **Michel Servet**, qui avait refusé de se soumettre.

Explication des mots.

1. **Metz** : préfecture de l'ancien département de la Moselle, ville au pouvoir de l'Allemagne depuis 1871. — 2. **Toul** : ville située dans le département de Meurthe-et-Moselle. — 3. **Verdun** : ville située dans le département de la Meuse. — 4. **Réformer** : rendre meilleur. — 5. **Pernicieuse doctrine** : doctrine qui fait beaucoup de mal. — 6. **Genève** : ville de la Suisse. — 7. **Sectaire** : celui qui est opiniâtrément attaché à une secte, c'est-à-dire à une fausse religion.

Questionnaire. — *Leçon.* — 161. Parlez de la lutte d'Henri II contre Charles-Quint. — 162. Parlez du siège de Metz. — 163. Quel autre succès remporta le duc de Guise? — 164. Qui troubla le royaume sous les règnes de François Ier et de Henri II.

Récit. — 1. Quelle était la religion de l'Europe occidentale jusqu'au XVIe siècle? — 2. Que fit Luther? — 3. Comment Luther se fit-il des protecteurs? — 4. Parlez de la révolte des pauvres contre les riches. — 5. Quel nom prirent les sectateurs de Luther? — 6. Que savez-vous de Calvin?

Devoir. — Que savez-vous de Luther et de Calvin?

54ᵉ LEÇON.
LES CATHOLIQUES ET LES PROTESTANTS

165. Sous le règne des fils de Henri II, la France fut ensanglantée par huit guerres civiles [1].

166. Les protestants voulaient forcer les catholiques à abandonner la vraie religion. Ils avaient pour chefs l'amiral de Coligny et plus tard, Henri de Navarre.

167. Les catholiques refusèrent d'apostasier [2]. Leurs chefs étaient François de Guise, et, après lui, son fils, Henri de Guise, surnommé le Balafré [3].

168. Les deux partis se livrèrent de nombreux combats où les catholiques furent presque toujours vainqueurs.

François de Guise pardonne au protestant calviniste qui a tenté de l'assassiner sous les murs de Rouen.

RÉCIT. — François de Guise.

1. **François de Guise** était le petit-fils de René II, duc de Lorraine. Ardent, brave et généreux, il avait toutes les qualités d'un héros français.

2. La belle défense de **Metz** contre Charles-Quint, et la prise de **Calais** sur les Anglais, le rendirent populaire [4] dans tout le royaume.

3. François de Guise était un fervent catholique ; aussi à l'époque des guerres de religion devint-il l'adversaire le plus redouté des protestants.

4. Au siège de **Rouen,** il faillit tomber sous le poignard d'un calviniste [5]. Le scélérat fut amené devant sa victime, qui lui dit avec douceur : *T'ai-je donné quelque raison de m'assassiner ? — Non,* répondit le coupable, *mais tu es l'ennemi de ma religion. — Eh bien !* reprit le noble duc, *si ta religion t'ordonne de m'assassiner, la mienne me commande de te pardonner. Va, je te rends la liberté !*

5. Après la prise de Rouen, François de Guise voulut enlever **Orléans** aux calvinistes. Un soir qu'il venait de visiter les travaux du siège, il eut l'épaule fracassée d'un coup de pistolet.

6. C'était le calviniste **Poltrot de Méré** qui avait tiré sur lui. L'assassin put s'échapper à la faveur des ténèbres ; mais, après avoir couru toute la nuit, il se trouva le lendemain au milieu des assiégeants. Le duc lui pardonna, et peu de temps après rendit son âme à Dieu en priant pour la religion et pour la France.

Explication des mots.

1. Guerre **civile** : guerre où les citoyens d'un même pays combattent les uns contre les autres, par exemple, des Français contre d'autres Français. — 2. **Apostasier** : renoncer à la vraie religion. — 3. **Balafré** : celui qui a reçu au visage une large blessure ou balafre ; la cicatrice de cette blessure s'appelle aussi balafre. — 4. Le rendirent **populaire** : le firent aimer du peuple. — 5. **Calviniste** : disciple de Calvin.

Questionnaire. — *Leçon.* — 165. Quelles guerres y eut-il en France sous les fils d'Henri II ? — **166.** Que voulaient les protestants ? — **167.** Que firent les catholiques ? — **168.** Parlez des combats que se livrèrent les deux partis.

Récit. — **1.** Qu'était François de Guise ? Parlez de ses qualités. — **2.** Rappelez les beaux faits d'armes qui l'avaient rendu populaire. — **3.** François de Guise était-il un bon catholique ? — **4.** Que lui arriva-t-il au siège de Rouen ? — **5, 6.** Parlez du siège d'Orléans et de la mort du duc de Guise.

Devoir. — Générosité de François de Guise au siège de Rouen ; sa mort.

55ᵉ LEÇON. — LES FILS DE HENRI II

169. Trois fils de Henri II régnèrent l'un après l'autre : c'étaient des princes faibles et incapables de gouverner la France à cette époque difficile. — François II laissa le pouvoir au duc François de Guise.

170. Charles IX subit la funeste influence de sa mère, l'Italienne Catherine de Médicis, qui lui conseilla le massacre des protestants qu'on a appelé la Saint-Barthélemy [1] (1572).

171. Henri III abandonna aussi le gouvernement à Catherine de Médicis. Sous son règne, les catholiques formèrent la Ligue [2] pour défendre la vraie religion. Henri III mourut en 1589, assassiné par Jacques Clément.

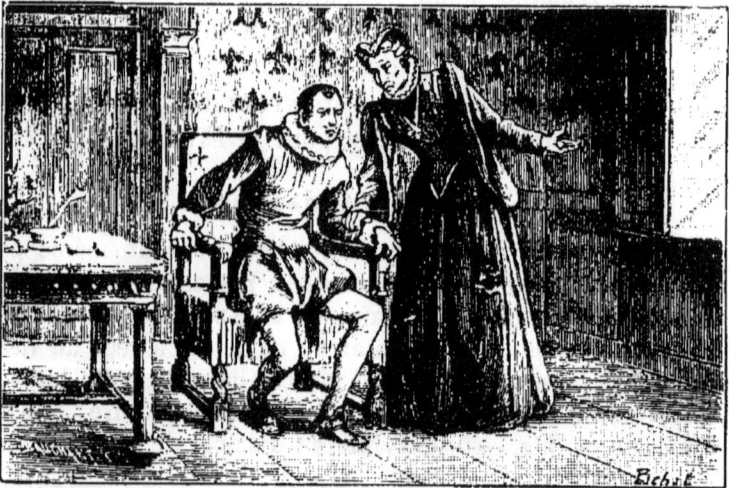

Catherine de Médicis arrache à son fils Charles IX l'ordre de faire massacrer les protestants.

RÉCIT. — Catherine de Médicis.

1. Catherine de Médicis était la veuve de Henri II. Ambitieuse et rusée, cette princesse voulait régner à tout prix. Elle aimait autant les protestants que les catholiques, et pour conserver le pouvoir, elle abaissait tantôt les uns tantôt les autres.

2. En 1572, les protestants étaient en faveur auprès de la reine mère et ils vinrent en foule à Paris. Bientôt **Coligny** eut une grande influence sur l'esprit de Charles IX, et Catherine vit chaque jour diminuer son pouvoir.

3. Furieuse, elle paya un assassin pour tirer sur Coligny, puis elle dit au roi : *Les calvinistes irrités se préparent à massacrer toute la cour*[3]; *si vous ne voulez pas être frappé vous-même, il faut les exterminer.* Charles résista d'abord, mais Catherine insista[4] et l'accusa de lâcheté. Alors, dans un mouvement de colère, le roi s'écria : *Tuez-les donc tous, afin qu'il n'en reste pas un pour me le reprocher après!*

4. La nuit du 24 au 25 août, au son de la grosse cloche de Saint-Germain-l'Auxerrois[5], des bandes d'assassins se répandirent dans les rues, pénétrèrent dans les maisons des protestants et en tuèrent environ deux mille. Coligny fut une des premières victimes.

5. Loin d'approuver ce lâche massacre ordonné par Catherine, les bons catholiques furent saisis d'horreur, et sauvèrent de la mort un grand nombre de protestants.

Explication des mots.

1. **Saint-Barthélemy** : Le massacre des protestants est ainsi appelé parce qu'il commença le soir du 24 août, fête de saint Barthélemy. — 2. **Ligue** : association, union des catholiques français pour défendre leur religion contre les protestants. — 3. **La cour** : les personnes qui composent l'entourage d'un souverain. — 4. **Insista** : demanda de nouveau et avec plus de force. — 5. **Saint-Germain-l'Auxerrois** : église bâtie près du Louvre en l'honneur de saint Germain, évêque d'Auxerre.

Questionnaire. — *Leçon.* — **169.** Les fils de Henri II étaient-ils fermes? François II gouverna-t-il par lui-même? — **170.** Que fit Charles IX? — **171.** Qu'arriva-t-il sous Henri III? Comment mourut-1? — *Récit.* — **1.** Parlez du caractère de **Catherine de Médicis.** — 2. Parlez de la faveur dont jouissaient les protestants en 1572. — 3. Que fit Catherine pour conserver le pouvoir? — 4. Racontez le massacre de la Saint-Barthélemy. — 5. Les bons catholiques approuvèrent-ils ce massacre?

Devoir. — Dites ce que vous savez de la **Saint-Barthélemy.**

56e LEÇON.

HENRI IV CONQUIERT SON ROYAUME

172. A la mort de Henri III, la couronne revenait à Henri de Navarre, qui prit le nom de Henri IV. Comme il était protestant, les catholiques refusèrent de le reconnaître [1], et il fut obligé de conquérir son royaume.

173. Il remporta les victoires d'Arques [2] et d'Ivry [3], et assiégea inutilement Paris. Voyant la guerre se prolonger et la France de plus en plus malheureuse, Henri IV se fit instruire de la religion catholique et se convertit en 1593.

174. Peu de temps après, il fit son entrée à Paris au milieu des acclamations du peuple « affamé de voir un roi. »

Entrée de Henri IV à Paris, en 1594.

RÉCIT. — Le siège de Paris.

1. Après la mort de Henri III, les seigneurs catholiques et le peuple refusèrent de reconnaître **Henri de Na-**

varre pour son successeur. *Plutôt souffrir mille morts, s'écriaient-ils, que d'accepter un roi protestant!*

2. Henri IV, forcé de conquérir son royaume, remporta sur *Mayenne*, chef de la Ligue, les brillantes victoires d'**Arques** et d'**Ivry,** puis il vint mettre le siège devant **Paris,** en 1590.

3. La capitale résista avec une extrême énergie[4]. Bientôt la famine devint horrible : on fit du pain avec des os de morts broyés, et trente mille personnes périrent. Mais les Parisiens se faisaient gloire de souffrir pour la religion catholique, et ils ne songeaient pas à se rendre.

4. A la vue de tant de maux, Henri IV eut pitié de son peuple et laissa introduire[5] des vivres dans la ville. *Il ne faut pas que Paris soit un cimetière, disait-il, je ne veux pas régner sur des morts.* Ses soldats lui amenèrent un jour des paysans, condamnés à être pendus pour avoir porté du pain aux assiégés. Henri IV fit approcher ces malheureux, leur donna tout l'argent qu'il avait et leur dit : *Allez en paix! le Béarnais[6] est pauvre, s'il avait davantage il vous le donnerait.*

5. Le duc de Parme[7], général du roi d'Espagne, vint au secours de Paris avec une armée composée de ligueurs[8] et d'Espagnols. Henri IV fut obligé de lever le siège.

Explication des mots.

1. Le **reconnaître** : l'accepter pour roi. — 2. **Arques** : bourg du département de Seine-Inférieure. — 3. **Ivry** : village du département de l'Eure. — 4. **Extrême énergie** : très grand courage. — 5. **Introduire** des vivres : faire entrer des vivres. — 6. Le **Béarnais**: surnom de Henri IV, parce qu'il était né dans le Béarn. — 7. **Parme** : ville d'Italie. — 8. **Ligueurs** : soldats de la Ligue.

Questionnaire. — *Leçon.* — 172. A qui revenait la couronne à la mort de Henri III? — 173. Que fit Henri IV pour se faire reconnaître comme roi? — 174. Comment fit-il son entrée à Paris?
Récit. — Pourquoi les catholiques refusaient-ils de reconnaître pour roi Henri de Navarre? — 2. Quelles victoires remporta Henri IV. — 3. Parlez du siège de Paris et du courage des Parisiens. — 4. Que fit Henri IV à la vue des souffrances des Parisiens? — 5. Pourquoi leva-t-il le siège?

Devoir. — Courage des Parisiens pendant le siège de 1590.

57ᵉ LEÇON. — ADMINISTRATION DE HENRI IV.
SULLY

175. Pour mettre fin aux guerres de religion, **Henri IV** publia l'édit de Nantes [1], qui donnait aux protestants la liberté de conscience [2] et plusieurs villes de sûreté [3].

176. Après avoir assuré la paix à la France, Henri IV s'efforça de la rendre heureuse ; il fut puissamment aidé dans cette œuvre par son ministre Sully.

177. Sully diminua les impôts et encouragea l'agriculture : « Labourage et pâturage, disait-il, voilà les mamelles qui nourrissent la France, les vraies mines d'or du Pérou [4]. »

Henri IV fait grâce à des paysans surpris à faire entrer
des vivres dans Paris.

RÉCIT. — Henri IV et le peuple.

1. A son avènement, Henri IV trouvait la France dévastée par trente ans de guerres civiles : des centaines de villages étaient brûlés et les paysans réduits partout à la misère.

2. Pour soulager les laboureurs, il protégea leurs biens, diminua les impôts et défendit aux seigneurs de traverser les blés et les vignes quand ils allaient à la chasse.

3. Ayant un jour appris que des gens de guerre avaient pillé des paysans, il fit aussitôt venir leurs officiers qui étaient à Paris. *Partez en diligence*[5], leur dit-il, *et mettez-y ordre. Quoi! si l'on ruine mon peuple, qui me nourrira? Qui soutiendra*[6] *les charges de l'État? Vive Dieu! S'en prendre à mon peuple, c'est s'en prendre à moi-même.*

4. Bientôt l'aisance remplaça partout la misère. La ville de Paris devint si belle et si riche, qu'un ambassadeur[7] espagnol ne la reconnaissait plus après quelques années d'absence.

5. Mais ce n'était point encore assez pour Henri IV, qui aimait tous ses sujets comme ses enfants. *Si Dieu me prête vie,* disait-il, *je ferai si bien que chaque paysan de mon royaume pourra mettre la poule au pot tous les dimanches.*

6. Ce bon roi était aimé comme un père, et le peuple se plaisait à l'appeler le « **bon Henri** ». Aujourd'hui encore, Henri IV est l'un des princes les plus populaires qui aient régné sur la France.

Explication des mots.

1. **Nantes** : aujourd'hui préfecture du département de Loire-Inférieure. — 2. **Liberté de conscience** : liberté de croire et de pratiquer sa religion. — 3. **Villes de sûreté** : villes où les protestants avaient le droit d'entretenir des troupes. — 4. **Pérou** : contrée de l'Amérique du Sud, riche en mines d'or. — 5. **Partez en diligence** : partez vite. — 6. **Qui soutiendra les charges de l'État** : qui payera les dépenses de l'État. — 7. **Ambassadeur** : celui qui représente sa patrie auprès d'un souverain étranger.

Questionnaire. — *Leçon.* — 175. Que fit Henri IV pour mettre fin aux guerres de religion? — 176. Que fit encore Henri IV après avoir assuré la paix à la France? — 177. Parlez de Sully.

Récit. — 1. Quel était l'état de la France à l'avènement d'Henri IV? — 2. Que fit Henri IV pour soulager les laboureurs? — 3. Donnez un exemple du soin de Henri IV pour le bonheur du peuple. — 4. La ville de Paris devint-elle belle et riche? — 5. Henri IV voulait-il faire davantage encore? — 6. Ce bon roi était-il aimé du peuple?

Devoir. — Racontez quelques traits de la bonté de Henri IV pour son peuple.

58ᵉ LEÇON. — PROJETS DE HENRI IV. — SA MORT

178. En quelques années, la sage administration de Henri IV et de Sully avait rendu la France heureuse et puissante.

179. Le roi voulut alors affaiblir la maison d'Autriche [1], dont les vastes possessions s'étendaient sur toutes nos frontières.

180. La guerre allait commencer ; déjà l'armée française était en marche vers l'Allemagne, et Henri IV se disposait à quitter Paris pour la rejoindre, lorsqu'il fut assassiné par un scélérat nommé Ravaillac (1610).

Assassinat de Henri IV, par François Ravaillac, dans la rue de la Ferronnerie, le 14 mai 1610.

RÉCIT. — La mort de Henri IV.

1. Depuis quelque temps, Henri IV était triste et pensait souvent à la mort. Le **14 mai 1610,** il voulut aller à l'Arsenal [2] visiter Sully, qui était malade.

2. La reine, inquiète, le pria de ne pas sortir. *Je me recommande à Dieu quand je me couche,* lui répondit le roi, *je le prie de me conduire quand je me lève; le reste est entre ses mains.* Et il partit avec quelques seigneurs.

3. Son carrosse était ouvert, car il faisait beau temps, et quelques gardes seulement formaient son escorte. En entrant dans l'étroite rue de la **Ferronnerie,** le carrosse royal rencontra un embarras de voitures, et fut contraint[3] de s'arrêter.

4. A ce moment, un misérable assassin qui suivait le cortège, s'élança et frappa le roi de deux coups de couteau. *Je suisblessé!* dit Henri IV, d'une voix mourante. Les seigneurs qui étaient avec lui l'ayant engagé à penser à Dieu, il leva les yeux au ciel et joignit les mains. On cria au peuple que le roi était seulement blessé, et on le ramena au Louvre[4], où l'archevêque d'Embrun[5] lui donna l'absolution. Quand on l'enleva du carrosse, il était mort.

5. La France entière le pleura. Les paysans disaient comme le peuple de Paris : *Nous avons perdu notre père!* Plusieurs Français expirèrent de douleur à la nouvelle de la mort de ce bon prince.

Explication des mots.

1. La **maison d'Autriche** : la famille des souverains de l'Autriche. Cette famille possédait l'Espagne, l'Allemagne, la Belgique, une grande partie de l'Italie et du Nouveau Monde. — 2. **Arsenal** : maison où l'on dépose les armes et les munitions de guerre. — 3. **Fut contraint** : fut forcé. — 4. **Louvre** : magnifique palais qui était habité par Henri IV. — 5. **Embrun** : ville située dans le département des Hautes-Alpes.

Questionnaire. — *Leçon.* — 178. Quel fut le résultat de l'administration de Henri IV et de Sully? — 179. Quelle puissance le roi voulut-il affaiblir? — 180. La guerre était-elle bien proche?

Récit. — 1. Où voulut aller Henri IV, le 14 mai 1610? — 2. Que répondit-il à la reine qui voulait l'empêcher de sortir? — 3. Quelles circonstances devaient faciliter l'œuvre de l'assassin? — 4. Racontez l'assassinat de Henri IV. — 5. Parlez de la douleur de la France à la mort de Henri IV.

Devoirs. — 1. Racontez la mort de Henri IV. — 2. Tracez la carte de la France, et placez le noms des villes suivantes : *Ivry, Arques, Paris, Nantes, Metz, Toul, Verdun, Calais, Genève.*

59ᵉ LEÇON. — LOUIS XIII. — RICHELIEU

181. Louis XIII, fils de Henri IV, fut un prince juste et pieux. Il régna de 1610 à 1643.

182. Son ministre, le cardinal [1] de Richelieu, gouverna avec une rare fermeté : il fit punir sévèrement les seigneurs qui voulaient le renverser du pouvoir, ou qui refusaient d'obéir aux lois.

183. Les protestants ayant pris les armes, le cardinal s'empara de la Rochelle [2], leur principale ville, et il enleva aux révoltés les privilèges que leur accordait l'édit de Nantes [3] (1629).

184. Au dehors, le ministre reprit les projets de Henri IV, et engagea la France dans la guerre de Trente ans, contre la maison d'Autriche.

Richelieu au siège de la Rochelle.

RÉCIT. — Richelieu.

1. Richelieu était évêque de Luçon [4] quand Louis XIII le prit pour premier ministre.

2. C'était un homme de haute taille, mince, pâle, mais d'une vive intelligence et d'une volonté de fer. Cette volonté s'imposa à tout le monde, au roi comme aux autres. Pendant dix‑huit ans, Richelieu contraignit son corps chétif et toujours souffrant à fournir un labeur prodigieux.

3. Il disait : *Mon premier but est la majesté du roi; le second, la grandeur du royaume.* Cette parole résume toute sa politique, qui fut opiniâtre et impitoyable.

4. Pendant le siège de **la Rochelle,** l'Angleterre envoya une flotte au secours des protestants; Richelieu ferma l'entrée du port aux vaisseaux anglais en faisant jeter dans la mer une *digue* ⁵ immense. Trois fois la tempête renversa cette digue, trois fois Richelieu la fit relever malgré les flots et les Anglais, et, après onze mois de siège, la Rochelle fut obligée d'ouvrir ses portes.

5. Le duc de **Montmorency,** s'étant révolté, fut condamné à mort. C'était un des plus grands seigneurs du royaume; il avait gagné plusieurs batailles pour la France, les nobles demandaient sa grâce, le peuple criait miséricorde. Richelieu demeura inflexible et Montmorency eut la tête tranchée à Toulouse, au pied de la statue de Henri IV, son parrain.

Explication des mots.

1. **Cardinal** : chacun des soixante‑dix prélats qui composent le conseil du pape et ont le droit de nommer son successeur. — 2. **La Rochelle** : préfecture du département de Charente-Inférieure. — 3. **Les privilèges de l'édit de Nantes** : les villes de sûreté et autres avantages que les catholiques n'avaient pas. — 4. **Luçon** : petite ville du département de la Vendée. — 5. **Digue** : contruction pour empêcher les eaux de déborder. La digue de la Rochelle fut élevée dans la mer pour empêcher les vaisseaux d'entrer dans le port. Elle avait un kilomètre et demi de longueur, soixante-douze mètres de largeur à la base, et huit mètres à la partie supérieure.

Questionnaire. — *Leçon.* — **181.** Quel était le caractère de Louis XIII? — **182.** Comment Richelieu gouverna-t-il? — **183.** Parlez de la lutte de Richelieu contre les protestants. — **184.** Quels projets reprit le ministre pour les affaires du dehors?

Récit. — **1.** Qu'était Richelieu avant d'être ministre? — **2.** Faites le portrait de Richelieu. — **3.** Que se proposait-il dans sa politique? — **4. Parlez de Richelieu au siège de la Rochelle.** — **5.** Que devint le **duc de Montmorency?**

Devoir. — Que savez-vous de Richelieu?

60ᵉ LEÇON. — JEUNESSE DE LOUIS XIV
— MAZARIN

185. Louis XIV n'avait que cinq ans à la mort de son père, Louis XIII, en 1643. La reine mère, Anne d'Autriche, fut nommée régente et prit pour ministre le cardinal Mazarin.

186. Le nouveau ministre continua la guerre de Trente ans : les Français, commandés par Condé et Turenne, remportèrent sur les Allemands et les Espagnols les grandes victoires de Rocroi [1], de Fribourg [2] et de Lens [3].

187. En 1648, Mazarin signa le traité de Westphalie [4], qui terminait la guerre de Trente ans et donnait l'Alsace à la France.

Carte pour l'histoire de Louis XIII, Louis XIV et Louis XV.

RÉCIT. — Le grand Condé. Bataille de Rocroi.

1. Le **grand Condé** fut un des plus habiles guerriers de son siècle. Il était, pour ainsi dire, né général. Ses attaques étaient brusques, impétueuses [5], rien ne pouvait lui résister ; mais il n'épargnait [6] pas assez le sang de ses soldats.

2. A peine âgé de vingt-deux ans, il remporta la célèbre victoire de **Rocroi** sur l'armée espagnole, qui avait alors la première infanterie du monde.

3. A Rocroi, Condé était en face d'un ennemi supérieur en nombre, et les vieux généraux conseillaient au jeune prince de ne pas hasarder une grande bataille. *Eh! que deviendrons-nous si nous sommes battus?* s'écriait l'un d'eux. — *Je ne m'en mets pas en peine,* répondit le jeune héros, *car je serai mort auparavant.* Et il prit ses dispositions pour combattre le lendemain.

Arquebusier à cheval.

4. Le soir, il visita son camp et se coucha le dernier, mais jamais il ne dormit plus tranquille; et le lendemain matin il fallut le réveiller d'un profond sommeil, lorsque l'heure du combat fut arrivée.

5. Le jeune prince fit des prodiges de valeur et remporta une victoire complète. Il fléchit ensuite le genou sur le champ de bataille et rendit grâces[7] au Dieu des armées qui lui donnait une si belle victoire.

Explication des mots.

1. **Rocroi** : ville située dans le département des Ardennes. — 2. **Fribourg** : ville d'Allemagne. — 3. **Lens** : ville du département du Pas-de-Calais. — 4. **Westphalie** : province d'Allemagne sur la rive droite du Rhin. — 5. Attaques **impétueuses** : rapides et violentes. — 6. **N'épargnait** pas assez le sang de ses soldats : n'avait pas assez peur de faire tuer beaucoup de soldats. — 7. **Rendit grâces** : remercia.

Questionnaire. — *Leçon.* — **185.** Quel âge avait Louis XIV à la mort de Louis XIII? Qui est-ce qui gouverna le royaume? — **186.** Quelle guerre Mazarin continua-t-il? Quelles furent les victoires des Français dans la guerre de Trente ans? — **187.** Que savez-vous du traité de Westphalie? *Récit.* — **1.** Condé fut-il un grand guerrier? Que savez-vous de sa manière de faire la guerre? — **2.** Quelle bataille gagna-t-il à l'âge de vingt-deux ans? — **3. 4. 5.** Racontez la bataille de Rocroi.

Devoir. — Que vous rappellent les noms de Condé et de Rocroi?

61· LEÇON. — LA FRONDE

188. La guerre de Trente ans avait appauvri la France ; aussi, lorsque Mazarin voulut établir de nouveaux impôts, une révolte éclata contre lui (1648).

189. Cette révolte prit le nom de Fronde [1]. Elle dura quatre ans, pendant lesquels la guerre civile et le pillage désolèrent la capitale et plusieurs provinces.

190. Pour soulager toutes les misères de cette époque, Dieu donna à la France un prêtre d'une charité admirable, saint Vincent de Paul.

Saint Vincent de Paul recueillant les enfants abandonnés.

RÉCIT. — Saint Vincent de Paul.

1. Saint **Vincent de Paul** naquit près de **Dax**, dans le département actuel des Landes. Ses parents étaient de pauvres laboureurs ; ils l'employèrent dès son enfance à la garde des troupeaux.

2. Sa pieuse mère lui donna une éducation vraiment

chrétienne, et, tout jeune encore, Vincent de Paul trouvait déjà son bonheur à faire l'aumône aux pauvres.

3. Devenu prêtre, il fut pris, dans un voyage sur la Méditerranée, par des pirates musulmans qui l'emmenèrent à Tunis et le vendirent comme esclave. Le saint endura toutes sortes de mauvais traitements. Par ses prières et par l'exemple de ses vertus, il convertit son maître à la religion chrétienne.

4. De retour en France, Vincent de Paul se rendit à Paris et se consacra tout entier à des œuvres de charité. Il établit la société des *Prêtres de la Mission* pour évangéliser[2] les populations des campagnes; il créa l'ordre admirable des *Sœurs de la Charité* pour soigner les malades et instruire les jeunes filles; il fonda l'*Hospice des Enfants-Trouvés* pour recueillir et élever les petits malheureux abandonnés dans les rues et condamnés à mourir de faim.

5. Ce héros de la charité ne se borna point à soulager les misères de la capitale. Il recueillit d'immenses aumônes et les distribua aux provinces les plus malheureuses du royaume. La Lorraine et la Champagne, ravagées par la guerre et la famine, reçurent plusieurs millions de ce pauvre prêtre.

Explication des mots.

1. **Fronde** : cette guerre fut appelée ainsi, parce qu'au début elle ne paraissait pas plus dangereuse que le jeu appelé *fronde* par les enfants ; mais elle devint bientôt sanglante. — 2. **Évangéliser** : prêcher l'Évangile, enseigner la religion.

Questionnaire. — *Leçon.* — 188. Pourquoi le peuple se révolta-t-il contre Mazarin? — 189. Quel nom prit cette révolte? Combien de temps dura-t-elle? — 190. Qui soulagea les misères de cette époque?

Récit. — 1. Où naquit saint Vincent de Paul? — 2. Quelle éducation lui donna sa mère? — 3. Que lui arriva-t-il dans un voyage sur la Méditerranée? — 4. Que fit-il de retour en France? Nommez ses institutions charitables. — 5. Parlez de ses grandes aumônes aux provinces malheureuses.

Devoir. — Comment s'est manifestée la charité de saint Vincent de Paul?

62ᵉ LEÇON. — GOUVERNEMENT PERSONNEL DE LOUIS XIV

191. Après la mort de Mazarin, en 1661, Louis XIV, âgé de vingt-trois ans, gouverna le royaume par lui-même.

192. Il choisit d'habiles ministres, surtout Colbert et Louvois. C'est à ces deux hommes de génie que la France dut sa prospérité [1] et ses victoires pendant la première moitié du règne de Louis XIV.

193. Colbert mit l'ordre dans les finances [2], créa la marine militaire française, et encouragea l'industrie [3]. Louvois réorganisa l'armée.

Colbert travaillant avec Louis XIV.

RÉCIT. — Colbert.

1. **Colbert** était né à Reims, d'une famille de marchands de drap. Après s'être livré quelque temps au commerce, il se rendit à Paris, et passa au service de Mazarin. Le ministre lui confia l'administration de son immense fortune, et, sur son lit de mort, il le recommanda à Louis XIV en disant : *Sire, je vous dois tout,*

mais je crois m'acquitter envers Votre Majesté en vous donnant Colbert.

2. Devenu ministre, Colbert mit de l'ordre dans les finances, créa notre marine militaire, distribua des pensions aux écrivains, encouragea l'industrie, l'agriculture et le commerce. Il travaillait *seize heures par jour* aux affaires de l'État, et faisait admirablement la besogne de *sept* ministres ordinaires.

3. Ce rude travailleur était d'un abord[4] glacial, et montrait aux solliciteurs[5] un visage sévère; aussi les courtisans ne l'aimaient pas : ils l'appelaient le *Nord,* ou *l'homme de marbre.*

4. Colbert aimait l'économie; cependant pour les choses utiles, il savait dépenser l'argent à pleines mains : *Sire,* disait-il à Louis XIV, *il faut épargner cinq sols[6] aux affaires inutiles, et jeter les millions quand il s'agit de votre gloire.*

5. Le roi ne goûta pas longtemps ces sages conseils, et le ministre mourut découragé à la vue des dépenses de son maître. Près d'expirer, il dit en parlant de Louis XIV : *Si j'avais fait pour Dieu ce que j'ai fait pour cet homme, je serais sauvé dix fois, et je ne sais ce que je vais devenir.*

Explication des mots.

1. **Prospérité** : richesse, puissance et vertu. — 2. **Finances** : l'argent que le gouvernement reçoit des particuliers, et celui qu'il dépense pour payer ses employés et nourrir ses armées. — 3. **Industrie** : fabrication de divers produits dans les usines et les ateliers. — 4. Était d'un **abord glacial** : n'était pas aimable, parlait peu et froidement quand on l'approchait. — 5. **Solliciteur** : celui qui demande une faveur, un service. — 6. **Sol** : valeur d'un sou.

Questionnaire. — *Leçon.* — 191. Qui gouverna à la mort de Mazarin? — 192. Quels ministres Louis XIV choisit-il? — 193. Que firent Colbert et Louvois?

Récit. — 1. Où était né Colbert? Comment Mazarin le recommanda-t-il à Louis XIV? — 2. Que fit-il une fois devenu ministre? — 3. Était-il d'un abord aimable? — 4. Quel conseil d'économie donnait-il à Louis XIV? — 5. Comment mourut Colbert?

Devoir. — Que savez-vous de Colbert?

63ᵉ LEÇON. — ORGANISATION DE L'ARMÉE

194. Louvois était ministre de la guerre. Il rendit l'armée plus forte et la mit complètement sous l'autorité royale.

195. Pour rendre l'armée plus forte, Louvois augmenta l'infanterie et les dragons, qui pouvaient combattre à pied ou à cheval; surtout il imposa aux officiers et aux soldats une discipline sévère.

196. Pour mettre l'armée sous l'autorité royale, il enleva aux colonels le pouvoir de conférer [1] les grades, et réserva ce pouvoir au roi.

Louvois réprimande un capitaine dont la compagnie est en mauvais état.

RÉCIT. — Louvois.

1. Louvois était fils du ministre de la guerre Michel Le Tellier. A quinze ans, il travaillait dans les bureaux de son père, et à vingt-cinq ans il était ministre de Louis XIV.

2. Ferme, actif, intelligent, Louvois donna à l'armée française une puissance formidable.

3. Il voulut que les grades fussent conférés *suivant l'ordre du tableau d'avancement,* c'est-à-dire au *mérite* et non plus à la *naissance* [2].

4. Il établit l'uniforme[3], la marche au pas, la baïonnette ; créa des écoles d'artillerie, des magasins de vivres, des ambulances[4], et fit élever l'Hôtel des Invalides[5].

5. Louvois reprenait sévèrement les officiers qui négligeaient leurs devoirs. S'adressant à un capitaine de très noble famille, il lui dit un jour en présence des courtisans : *Monsieur, votre compagnie est en fort mauvais état. — Monsieur*, réplique le capitaine, *je ne le savais pas. — Il faut le savoir*,

Dôme de l'Hôtel des Invalides.

répond Louvois ; *l'avez-vous vue? — Non, Monsieur. — Il faudrait l'avoir vue. — J'y donnerai ordre. — Il faudrait l'avoir donné, Monsieur, car il faut se déclarer courtisan[6], ou faire son devoir quand on est officier.*

6. On reproche pourtant à Louvois d'avoir trop flatté les goûts de Louis XIV pour les bâtiments[7] et pour la guerre.

Explication des mots.

1. **Conférer** les grades : donner les grades. — 2. A la **naissance** : à la noblesse. — 3. **Établit l'uniforme** : donna un uniforme qui ne pouvait être changé : avant Louvois, le colonel pouvait changer comme il voulait le costume de son régiment. — 4. **Ambulance** : hôpital militaire qui suit l'armée en campagne. — 5. **Hôtel des Invalides** : grand hôpital de Paris pour les soldats âgés ou infirmes. — 6. Se **déclarer courtisan** : dire qu'on veut vivre dans l'entourage du roi. — 7. Les **bâtiments** : la construction des palais.

Questionnaire. — *Leçon.* — 194. Qu'était Louvois? Quels services rendit-il? — 195. Que fit Louvois pour rendre l'armée plus forte? — 196. Que fit Louvois pour mettre l'armée sous l'autorité royale?

Récit. — 1. Parlez de la jeunesse de Louvois. — 2. Quelles qualités avait-il? — 3. Comment Louvois fit-il donner les grades? — 4. Qu'est-ce que Louvois établit dans l'armée? — 5. Parlez de la sévérité de Louvois pour les officiers. — 6. Que reproche-t-on à Louvois?

Devoir. — Comment Louvois augmenta-t-il la puissance de l'armée française ?

64ᵉ LEÇON. — LES GRANDS GÉNÉRAUX
DE LOUIS XIV

197. Louis **XIV** eut de grands généraux pour commander ses armées; les plus célèbres furent Condé, **Turenne**, Fabert, Luxembourg, Catinat, Vendôme et Villars.

198. Fabert seul n'était pas d'origine noble; simple soldat à quatorze ans, il monta peu à peu jusqu'au grade de maréchal de France.

199. Louis **XIV** fut encore bien servi par le célèbre ingénieur [1] Vauban, qui dirigea un grand nombre de sièges et fortifia plus de trois cents de nos places de guerre.

Mort de Turenne, la veille de la bataille de Saltzbach (1675).

RÉCIT. — Turenne.

1. **Turenne** naquit à Sedan. Dès l'enfance il montra un goût prononcé pour le métier des armes. Il avait à peine dix ans, lorsqu'une nuit d'hiver on le trouva aux remparts de la ville, couché sur l'affût d'un canon; il voulait ainsi montrer qu'il pouvait supporter les fatigues de la guerre.

2. Turenne devint l'un des plus grands généraux de son siècle. Il épargnait avec soin le sang de ses soldats, et cherchait à surprendre l'ennemi par des marches habiles.

3. Sa plus belle campagne est celle qu'il fit en **Alsace,** en 1675. Chargé de défendre cette province, il dut se retirer devant une armée allemande trois fois plus nombreuse que la sienne, et laissa les ennemis s'établir tranquillement en Alsace. Puis au cœur de l'hiver [2] il franchit les Vosges, surprit les Allemands, en tua vingt-cinq mille et chassa le reste au delà du Rhin.

4. Les soldats de Turenne le respectaient et le chérissaient comme un père. Un jour de bataille, des jeunes gens s'impatientaient dans des marais où ils avaient de l'eau jusqu'aux genoux; les vieux soldats leur dirent : *On voit bien que vous ne connaissez pas le maréchal de Turenne; il est plus fâché que nous quand nous sommes mal, il ne songe maintenant qu'à nous tirer d'ici, il veille* [3] *quand nous dormons; c'est notre père.*

5. Ce grand guerrier était aussi un modèle de vertus chrétiennes. Il fut tué d'un coup de canon la veille d'une victoire assurée. Toute la France le pleura, et Louis XIV le fit inhumer [4] à **Saint-Denis,** dans la sépulture des rois [5].

Explication des mots.

1. **Ingénieur** : celui qui dirige des travaux; par exemple, l'attaque ou la défense d'une ville de guerre. — 2. Au **cœur** de l'hiver : au plus fort de l'hiver. — 3. Il **veille** : il ne dort pas, il cherche les moyens de nous défendre contre les ennemis. — 4. **Inhumer** : enterrer. — 5. Dans la **sépulture** des rois : dans le lieu où étaient enterrés les rois de France, c'est-à-dire dans la basilique de Saint-Denis.

Questionnaire. — *Leçon.* — **197.** Quels furent les grands généraux de Louis XIV? — **198.** Que savez-vous de Fabert? — **199.** Que savez-vous de Vauban? *Récit.* — **1.** Que savez-vous de l'enfance de Turenne? — **2.** Comment Turenne faisait-il a guerre? — **3.** Racontez la plus belle campagne de Turenne. — **4.** Parlez du respect et de l'amour des soldats pour Turenne. — **5.** Parlez des vertus et de la mort de Turenne.

Devoir. — Campagne de Turenne en Alsace; sa mort.

65ᵉ LEÇON. — LA MARINE SOUS LOUIS XIV

200. En 1661, la marine militaire française était très faible. Colbert fit agrandir les ports de Brest[1], de Toulon[2], et creuser celui de Rochefort[3].

201. Il fit aussi construire des vaisseaux, enrôla[4] un grand nombre de marins et créa des écoles pour les officiers.

202. La France eut alors une flotte puissante, commandée par des marins illustres comme Duquesne, Tourville et Jean Bart.

Jean Bart à l'abordage.

RÉCIT. — Jean Bart.

1. Jean Bart était le plus hardi corsaire[5] de son temps; sa vie est pleine d'actions héroïques.

2. Fait prisonnier avec le corsaire Forbin son ami, il s'échappa d'Angleterre, traversa la Manche sur une barque et rentra en France après avoir ramé deux jours et deux nuits.

3. Louis XIV voulut le complimenter et le fit venir à Versailles. *Je vous ai nommé chef d'escadre*[6], lui dit le roi. *Sire, vous avez bien fait*, répondit naïvement[7] Jean Bart. A cette réponse, les courtisans éclatèrent de rire, mais le roi défendit le brave marin contre leurs moqueries.

4. En 1694, la famine désolait la France, et les Hollandais venaient de nous enlever dans la mer du Nord un convoi de *cent navires* chargés de blé.

5. Jean Bart survient et veut reprendre le convoi. Arrivé près des vaisseaux ennemis, il crie à tous ses hommes : *Camarades, point de canons, point de fusils! seulement des coups de pistolet et des coups de sabre!*

6. Aussitôt il s'élance à l'abordage [8] suivi de ses officiers et de ses marins. La mêlée est furieuse, les Hollandais se défendent avec courage, mais ils ne peuvent résister à l'impétuosité de Jean Bart et de ses compagnons : au bout d'une demi-heure ils demandent quartier [9].

7. Deux jours après, les vainqueurs rentraient à **Dunkerque** [10] avec le précieux convoi. Grâce à Jean Bart, l'abondance remplaça la disette en France, et le prix du blé descendit *de trente livres à trois livres* [11] la mesure.

Explication des mots.

1. **Brest** : ville du département du Finistère. — 2. **Toulon** : ville du département du Var. — 3. **Rochefort** : ville du département de Charente-Inférieure. — 4. Il **enrôla** : il fit inscrire sur les rôles ou registres de la marine un grand nombre de marins, et les appela sur les vaisseaux du roi. — 5. **Corsaires** : hardis marins qui, en temps de guerre, couraient les mers sur de petits vaisseaux légers, et qui capturaient les navires de commerce des ennemis. — 6. **Escadre** : plusieurs vaisseaux de guerre sous les ordres d'un même chef. — 7. **Naïvement** : simplement, sans cacher sa joie. — 8. S'élancer à l'abordage : approcher un vaisseau ennemi pour l'attaquer et s'élancer à son bord. — 9. Demandent **quartier** : se rendent et demandent la vie sauve. — 10. **Dunkerque** : ville du département du Nord, patrie de Jean Bart. — 11. **Livre** : ancienne monnaie de la valeur d'un franc.

Questionnaire. — *Leçon.* — 200. La marine française était-elle forte en 1661 ? De quels ports s'occupa Colbert ? — 201. Que fit Colbert pour donner une flotte à la France ? — 202. Quel fut le résultat des efforts de Colbert ? *Récit.* — 1. Dites ce qu'était Jean Bart. — 2. Comment revint-il en France lorsqu'il était prisonnier en Angleterre ? — 3. Parlez de la visite que Jean Bart fit à Louis XIV. — 4, 5, 6. Racontez un combat de Jean Bart contre les Hollandais. — 7. Quel fut le résultat de cette victoire ?

Devoir. — Citez un fait qui montre la bravoure de Jean Bart.

66ᵉ LEÇON. — LES VICTOIRES DE LOUIS XIV

203. Louis **XIV** entreprit quatre guerres principales : celles de **Flandre**, de **Hollande**, de la ligue d'**Augsbourg** [1] et de la **succession d'Espagne**.

204. La première de ces guerres nous donna la **Flandre**, et la seconde la **Franche-Comté**.

205. Dans la troisième guerre, la France lutta presque seule contre toute l'Europe, et **Luxembourg** remporta les grandes victoires de **Fleurus**, de **Steinkerque** et de **Nerwinde** [2].

A la tête de la jeune noblesse, Luxembourg charge les Anglais
à Steinkerque.

RÉCIT. — Luxembourg.

1. Le maréchal de Luxembourg ressemblait à Condé par l'impétuosité de ses attaques. Il fut toujours victorieux; ses plus grandes victoires furent celles de *Fleurus*, de *Steinkerque* et de *Nerwinde*.

2. A **Steinkerque**, Guillaume d'Orange, roi d'Angleterre, découvrit un espion [3] français dans son camp, et le força d'écrire un faux avis à Luxembourg. Le maréchal disposa son armée en suivant l'avis trompeur. Le lendemain de grand matin, il se vit attaqué à l'endroit le plus faible par des masses considérables. Les Français reculèrent bientôt en désordre.

3. Luxembourg était malade; néanmoins il arrêta les fuyards, changea son plan de bataille et, à la tête de la noblesse, repoussa les Anglais.

4. Cette victoire fut très populaire en France : les seigneurs, surpris par l'ennemi, avaient mal noué leurs cravates de dentelle en courant au combat; on voulut les imiter, et ce fut la mode de porter des cravates nouées négligemment, appelées *steinkerques*.

5. Luxembourg était chétif et contrefait[4]. *Ne pourrai-je donc jamais battre ce petit bossu?* dit un jour Guillaume d'Orange. *Comment sait-il que je suis bossu,* répondit gaiement Luxembourg, *je ne lui ai jamais tourné le dos*[5].

6. L'illustre capitaine mourut en 1695. Sur son lit d'agonie[6], il regretta amèrement d'avoir mieux servi le roi de la terre que le Roi du ciel. *Je donnerais toutes mes victoires,* disait-il, *pour un verre d'eau donné à un pauvre au nom de Jésus-Christ.*

Explication des mots.

1. **Augsbourg** : ville d'Allemagne où plusieurs souverains de l'Europe signèrent une ligue contre Louis XIV. — 2. **Fleurus**, **Steinkerque**, **Nerwinde** : villages de Belgique. — 3. **Espion**: celui qui épie ce qui se passe chez l'ennemi. — 4. **Contrefait** : difforme, Luxembourg était bossu. — 5. **Je ne lui ai jamais tourné le dos** : Luxembourg voulait dire : Je n'ai jamais fui devant lui à la guerre. — 6. **Agonie** : dernière lutte contre la mort.

Questionnaire. — *Leçon.* — 203. Quelles guerres entreprit Louis XIV? — 204. Indiquez les résultats des deux premières guerres. — 205. Que savez-vous de la troisième guerre?

Récit. — 1. En quoi Luxembourg ressemblait-il à Condé? — 2, 3. Racontez la bataille de Steinkerque. — 4. Parlez de la popularité de cette victoire en France. — 5. Luxembourg n'était-il pas contrefait? — 6. Parlez de la mort de Luxembourg.

Devoir. — Racontez la victoire de Luxembourg à Steinkerque.

67° LEÇON. — LES REVERS DE LOUIS XIV

206. En 1700, les Espagnols demandèrent pour roi un des petits-fils de Louis XIV. L'Europe se ligua pour empêcher la maison de Bourbon [1] de régner en même temps à Versailles [2] et à Madrid [3]. Ce fut la guerre de succession d'Espagne.

207. Les Français, d'abord vainqueurs, perdirent ensuite les grandes batailles d'Hochstædt [4], de Ramillies [5], de Turin [6] et de Malplaquet [7]. Le terrible hiver de 1709 vint encore accroître les souffrances du peuple.

208. La France paraissait sur le point de périr, mais **Villars** la sauva par la victoire de Denain [7], en 1712.

Sur son lit de mort, Louis XIV donne de sages conseils à son arrière-petit-fils, Louis XV.

RÉCIT. — Mort de Louis XIV.

1. Louis XIV avait reçu le nom de **Grand** lorsqu'il était vainqueur de l'Europe. Il ne mérita jamais mieux ce nom que dans les malheurs de ses dernières années.

2. Il supporta avec une fermeté admirable les revers de ses armées et la mort de ses héritiers : le grand Dauphin, le duc de Bourgogne et d'autres encore. *Dieu me punit*, disait-il, *je l'ai bien mérité : je souffrirai moins dans l'autre monde.*

3. Dans sa dernière maladie, son courage chrétien ne l'abandonna pas un instant. *Je ne croyais pas qu'il fût si aisé de mourir*, dit-il à ceux qui l'entouraient. Voyant deux serviteurs qui pleuraient au pied de son lit : *Pourquoi pleurez-vous*, demanda le vieux roi, *m'avez-vous cru immortel? Pour moi, je ne l'ai jamais cru.*

4. Il se fit amener le jeune prince, son arrière-petit-fils, qui allait bientôt s'appeler Louis XV, le prit sur son lit et lui dit : *Mon enfant, vous allez être le souverain d'un grand royaume. Vous serez heureux si vous êtes soumis à Dieu. Soulagez vos peuples le plus vite que vous pourrez... J'ai trop aimé la guerre, ne m'imitez pas en cela, non plus que dans les trop grandes dépenses que j'ai faites.*

5. Dans son agonie, le vieux roi récita, à plusieurs reprises et d'une voix forte, l'*Ave Maria* et le *Credo*. Ce furent ses dernières paroles. Il mourut le 1er septembre 1715, après un règne de soixante-douze ans. C'est le plus long règne de notre histoire.

Explication des mots.

1. La maison de **Bourbon** : la famille des rois de France depuis Henri IV. — 2. **Versailles** : aujourd'hui préfecture du département de Seine-et-Oise. Louis XIV avait fait élever à Versailles un magnifique palais, qui fut habité par nos rois jusqu'à la Révolution. — 3. **Madrid** : capitale et séjour des rois d'Espagne. — 4. **Hochstædt** : petite ville de Bavière. — 5. **Ramillies** : village de Belgique. — 6. **Turin** : grande ville du nord de l'Italie. — 7. **Malplaquet, Denain** : villages du département du Nord.

Questionnaire. — *Leçon.* — 206. Qu'arriva-t-il en 1700 ? — 207. Quelles batailles perdirent les Français ? — 208. Comment la France fut-elle sauvée? *Récit.* — 1. Quand Louis XIV reçut-il le nom de Grand? Quand le mérita-t-il mieux? — 2. Comment supporta-t-il ses malheurs? — 3. Parlez de son courage dans sa dernière maladie. — 4. Que dit-il au jeune Louis XV? — 5. Parlez de l'agonie du vieux roi. Quelle avait été la durée de son règne?

Devoir. — Derniers conseils de Louis XIV à son successeur; sa mort.

68e LEÇON. — LES ÉDUCATEURS DES PRINCES AU XVIIe SIÈCLE

209. Louis XIV avait choisi Bossuet et Fénelon pour élever les princes appelés à lui succéder sur le trône de France.

210. Bossuet fut précepteur [1] du Grand Dauphin, fils de Louis XIV; il composa de savants ouvrages [2] pour son élève.

211. Fénelon fut précepteur du duc de Bourgogne, fils du Grand Dauphin. Il en fit un prince accompli [3]; malheureusement ce vertueux prince mourut avant Louis XIV et ne put régner sur la France.

Fénelon et son élève, le duc de Bourgogne.

RÉCIT. — Bossuet. — Fénelon.

1. Bossuet était évêque de Meaux [4]. C'est un grand écrivain [5] et un des orateurs [6] les plus éloquents qui aient existé : on l'a surnommé l'*Aigle de Meaux*.

2. Il est surtout célèbre par ses *Oraisons funèbres*, ou discours prononcés aux funérailles [7] des grands personnages.

3. Bossuet composa des livres pour montrer aux protestants la fausseté de leur religion; il eut le bonheur d'en convertir un grand nombre, entre autres, le maréchal de Turenne.

4. **Fénelon** était aussi un grand écrivain et un grand orateur.

5. Lorsqu'il eut achevé l'éducation du duc de Bourgogne, il devint archevêque de Cambrai[8], et se fit aimer par sa charité envers les pauvres et les soldats blessés.

6. Dans la dernière guerre de Louis XIV, le diocèse de Cambrai fut envahi par l'ennemi. Les paysans épouvantés abandonnaient les campagnes et fuyaient dans les villes. Fénelon leur offrit un asile dans son palais et leur servit lui-même à manger. Voyant un jour un de ces malheureux tout triste : *Qu'avez-vous donc, mon ami?* lui demande l'archevêque. *Hélas!* répond le paysan, *je n'avais qu'une vache, elle nourrissait mes enfants; je n'ai pu l'emmener, les ennemis l'auront prise.* A dix heures du soir, Fénelon, accompagné d'un domestique, se rend à la cabane abandonnée, trouve la vache et la ramène à ce pauvre homme, qui en pleurait de joie.

Explication des mots.

1. **Précepteur** : celui qui est chargé de l'éducation particulière d'un enfant. — 2. **Ouvrages** : livres. — 3. **Prince accompli** : prince ayant toutes les qualités et toutes les vertus. — 4. **Meaux** : ville du département de Seine-et-Marne. — 5. **Écrivain** : homme qui compose, qui écrit des livres. — 6. **Orateur** : homme qui fait des discours, des sermons... — 7. **Funérailles** : cérémonies de l'enterrement. — 8. **Cambrai** : ville située dans le département du Nord.

Questionnaire. — *Leçon.* — 209. Pour quelle œuvre Louis XIV choisit-il Bossuet et Fénelon? — 210. De qui Bossuet fut-il précepteur. — 211. De qui Fénelon fut-il précepteur?

Récit. — 1. Qu'était Bossuet? — 2. Par quels discours Bossuet est-il surtout célèbre? — 3. Bossuet ne composa-t-il pas des livres contre le protestantisme? — 4. Qu'était Fénelon? — 5. Que devint Fénelon après avoir achevé l'éducation du duc de Bourgogne? — 6. Parlez de la charité de Fénelon dans la dernière guerre de Louis XIV.

Devoir. — Citez un trait de la charité de Fénelon.

5*

69e LEÇON. — LES ÉDUCATEURS DU PEUPLE AU XVIIe SIÈCLE

212. Au XVIIe siècle, l'Église fit de grands efforts dans notre pays pour instruire le peuple et le rendre plus heureux.

213. Pendant que Bossuet et Fénelon instruisaient les princes, et que les Jésuites ouvraient leurs collèges aux enfants des riches, un saint prêtre, le Bienheureux de la Salle, consacrait sa vie à élever chrétiennement les enfants du peuple, et fondait l'Institut des Frères des Écoles chrétiennes.

214. A la même époque, les Sœurs de la Charité et beaucoup d'autres religieuses faisaient l'éducation des jeunes filles.

Le bienheureux de la Salle instruisant les enfants du peuple.

RÉCIT. — Le Bienheureux de la Salle.

1. Le **Bienheureux Jean-Baptiste de la Salle** naquit à Reims d'une famille noble et riche. Encore enfant, il se fit remarquer par son amour de la religion et de l'étude : au milieu des fêtes que son père donnait aux amis de la famille, le jeune de la Salle manifestait des goûts sérieux : il priait son aïeule [1] de le mener à l'écart [2] et de lui lire la *Vie des saints.*

2. Devenu prêtre, il fut touché du malheur des enfants pauvres, condamnés à grandir dans l'ignorance parce qu'il n'y avait pas d'écoles pour eux, et il fonda, en 1680, l'Institut des Frères des Écoles chrétiennes, pour instruire les enfants du peuple.

3. Dès ce moment, l'éducation chrétienne de la jeunesse fut la passion [3] de sa vie ; il ne cessa d'y travailler pendant quarante ans, malgré des souffrances et des persécutions de toutes sortes. Il faisait lui-même la classe, composait des livres pour les écoliers, inventait de nouvelles méthodes [4] d'enseignement.

4. Avant lui, les enfants mettaient plusieurs années pour apprendre à lire, parce qu'on leur enseignait la lecture du latin avant celle du français. *Le Bienheureux de la Salle fit commencer par la lecture du français,* et l'on suivit bientôt sa méthode dans toutes les écoles.

5. Après avoir donné l'exemple de toutes les vertus, Jean-Baptiste de la Salle mourut à Rouen, en odeur de sainteté [5]. La reconnaissance populaire l'a surnommé *le véritable ami de l'enfance,* et l'Église l'a mis au rang des Bienheureux.

Explication des mots.

1. **Aïeule** : grand'mère. — 2. A l'**écart** : dans une autre chambre, dans un endroit écarté. — 3. La **passion** de sa vie : la chose qu'il aima le plus de sa vie. — 4. **Méthode** d'enseignement : moyen, manière d'enseigner. — 5. **En odeur de sainteté** : en état de grâce, en grande réputation de sainteté.

Questionnaire.—*Leçon.*—212. Quel soin l'Église prit-elle du peuple au XVIIe siècle ? — 213. Qui s'occupa d'élever les enfants pauvres ? — 214. Qui élevait alors les jeunes filles du peuple ? *Récit.* — 1, 2, 3. Parlez de l'enfance et de la vie du Bienheureux de la Salle. — 4. Comment perfectionna-t-il la manière d'apprendre à lire ? — 5. Parlez de ses vertus et des honneurs qui lui ont été décernés.

Devoirs. — 1. Que savez-vous du Bienheureux de la Salle ? — 2. Tracez la carte de France, et placez sur cette carte les noms suivants : *Luçon, La Rochelle, Rocroi, Alsace, Dax, Lorraine, Champagne, Reims, Sedan, Saint-Denis, les Vosges.*

70ᵉ LEÇON. — LES GRANDS ÉCRIVAINS ET LES ARTISTES DU XVIIᵉ SIÈCLE

215. D'illustres écrivains et des artistes **ont** fait la gloire du siècle de Louis **XIV**, et lui **ont** mérité le nom de grand siècle.

216. A cette époque, Corneille, Racine, Molière, Boileau, La Fontaine, se plaçaient au premier rang des poètes [1]; Pascal, Bossuet, Bourdaloue, Fénelon, La Bruyère, écrivaient en prose [2] des livres admirables.

217. En même temps, l'architecte [3] Mansard élevait le magnifique palais de Versailles, et le peintre Lebrun l'ornait de ses chefs-d'œuvre [4].

Le palais de Versailles.

RÉCIT. — La Fontaine. — Versailles.

1. **La Fontaine** a composé des fables si charmantes qu'on l'a surnommé l'**Inimitable** [5]. Dans ses petits récits qu'il appelle lui-même

Une ample [6] *comédie à cent actes* [7] *divers,*

les animaux représentent les hommes et nous enseignent la manière de nous conduire.

2. Le grand fabuliste [8] était plein d'esprit, mais il avait l'air gauche, embarrassé; il parlait peu, et à le voir, on n'eût pas deviné son génie. On l'a surnommé le *Bon-homme*, à cause de sa naïveté, souvent jointe à beaucoup de finesse.

3. La Fontaine mourut chrétiennement en 1695, après avoir fait, pendant plusieurs années, une sincère pénitence des fautes de sa vie.

4. Versailles n'était qu'un hameau[9] perdu au milieu des bois, lorsque Louis XIII y fit bâtir un petit château qui devint un rendez-vous de chasse.

5. Louis XIV s'affectionna à ce lieu aride et sauvage et le fit transformer : des bois furent défrichés; un immense palais s'éleva sous la direction de **Mansard,** et une élite[10] de peintres et de sculpteurs, aux ordres de **Lebrun,** embellirent à l'envi la royale demeure. Les jardins et le parc, dessinés par **Le Nôtre,** se peuplèrent de statues et furent ornés de bassins de marbre aux jets d'eau magnifiques.

6. Ce séjour vraiment royal fut la résidence habituelle des rois de France et de la cour, depuis 1682 jusqu'à la révolution de 1789.

Explication des mots.

1. **Poètes** : ceux qui écrivent en vers; les fables de La Fontaine sont écrites en vers. — 2. **Prose** : manière ordinaire d'écrire; un récit, une lettre, sont ordinairement en prose. — 3. **Architecte** : celui qui fait le plan d'un édifice, et qui surveille l'exécution des travaux. — 4. **Chef-d'œuvre** : travail très bien fait. — 5. **Inimitable** : qu'on ne peut imiter, égaler. — 6. **Ample** : grand. — 7. **Acte** : partie d'une comédie. — 8. **Fabuliste** : écrivain qui compose des fables. — 9. **Hameau** : groupe de maisons trop peu nombreuses pour avoir une église et constituer un village. — 10. **Élite** : ce qu'il y a de meilleur; une élite de peintres : les peintres les plus habiles.

Questionnaire. — *Leçon. —* 215. Qui a rendu glorieux le règne de Louis XIV? — 216. Quels sont les principaux écrivains de cette époque? — 217. Quelle fut l'œuvre des artistes Mansard et Lebrun?

Récit. — 1. En quoi consistent les fables de La Fontaine? — 2, 3. Quel était le caractère du grand fabuliste? Comment mourut-il? — 4. Qu'était Versailles au temps de Louis XIII? — 5. Comment Louis XIV transforma-t-il Versailles? — 6. Ce palais fut-il longtemps la résidence de nos rois?

Devoir. — Dites ce que vous savez de La Fontaine.

71ᵉ LEÇON. — LOUIS XV (1715-1774)

218. Louis XV monta sur le trône à l'âge de cinq ans. Son gouverneur, le maréchal de **Villeroi**, ne sut pas bien diriger son éducation : ce fut un grand malheur pour la France.

219. Il y eut trois guerres principales sous le règne de Louis XV : la guerre de la succession de Pologne [1], la guerre de la succession d'Autriche et la guerre de Sept ans.

220. La première nous donna la Lorraine. — Dans la seconde, nos soldats remportèrent la glorieuse victoire de Fontenoy, en 1745. — Dans la guerre de Sept ans, les Français furent vaincus à Rosbach [2] par le roi de Prusse Frédéric II, et l'Angleterre s'empara de nos meilleures colonies. — Un peu plus tard, la France acheta la Corse aux Génois.

Dévouement du sergent Dubois et du chevalier d'Assas.

RÉCIT. — Chevert. — D'Assas.

1. Pendant la guerre de succession d'Autriche, les Français étaient en Bohême [3], sous les murs de **Prague** [4]. Il fallait prendre la ville en quelques heures, car une puissante armée accourait à son secours.

2. Au moment de tenter l'escalade[5], le colonel **Chevert** dit au sergent **Pascal** : *Camarade, tu vas monter le premier. — Oui, mon colonel. — La sentinelle criera qui vive? Ne réponds rien, mais avance. — Oui, mon colonel. — Elle tirera sur toi et te manquera. — Oui, mon colonel. — Toi, tu la tueras. — Oui, mon colonel. — Et je suis là pour te soutenir.* Le sergent monte, la sentinelle tire et le manque; il la tue. Chevert s'élance avec son régiment, et Prague est emportée.

3. Voici un autre exemple de courage plus admirable encore. C'était au combat de *Clostercamp*[6], dans la guerre de Sept ans. Le chevalier d'**Assas**, capitaine de chasseurs au régiment d'Auvergne[7], se trouvait à l'extrémité de notre ligne de bataille. La nuit était profonde. Un officier crie que les chasseurs se trompent et tirent sur des Français. On cesse le feu. Le sergent **Dubois** sort des rangs et s'avance à la découverte, suivi du chevalier d'Assas. Tout à coup le sergent est entouré d'Anglais qui le menacent de mort s'il dit un seul mot. Mais le brave Dubois crie de toutes ses forces : *A nous, Auvergne, c'est l'ennemi!* Presque en même temps, d'Assas commande : *Tirez, chasseurs, c'est l'ennemi!* Et les deux héros tombent criblés de coups de baïonnettes. Grâce à leur dévouement, l'armée française remporta la victoire.

Explication des mots.

1. **Pologne** : Contrée de l'Europe orientale. A la fin du règne de Louis XV, l'Autriche, la Prusse et la Russie se partagèrent cet infortuné pays. — 2. **Rosbach** : village de Saxe. — 3. **Bohême** : province de l'empire d'Autriche. — 4. **Prague** : capitale de la Bohême. — 5. **Escalade** : assaut à l'aide d'échelles. — 6. **Clostercamp** : village d'Allemagne, près du Rhin. — 7. **Régiment d'Auvergne** : à cette époque, certains régiments portaient le nom d'une province de France.

Questionnaire. — *Leçon.* — 218. A quel âge Louis XV devint-il roi? Son éducation fut-elle bien dirigée? — 219. Nommez les principales guerres du règne de Louis XV. — 220. Quels furent les résultats de ces trois guerres? *Récit.* — 1, 2. Racontez la prise de Prague par le colonel Chevert. — 3. Racontez le dévouement du sergent Dubois et du chevalier d'Assas.

Devoir. — Héroïsme du chevalier d'Assas et du sergent Dubois.

72e LEÇON. — LES FAUTES DE LOUIS XV

221. Louis **XV** se déshonora par les désordres de sa conduite, et fit perdre aux Français leur vieille affection pour la royauté.

222. Il abandonna le pouvoir à des personnes indignes, et se laissa entraîner dans des guerres aussi injustes qu'inutiles.

223. Il ne fit rien pour corriger les abus qui excitaient les murmures du peuple. « Mon successeur s'en tirera comme il pourra, » disait-il dans son égoïsme [1]. — Le règne de Louis XV est un des plus tristes de notre histoire.

Louis XV.

RÉCIT. — Les abus.

1. La plupart des **abus** étaient d'anciennes coutumes qui avaient été légitimes [2] autrefois, et qui ne l'étaient plus à l'époque de Louis XV.

2. Ainsi, au temps de la féodalité, les nobles seuls étaient soldats, et, comme on ne leur payait pas de solde, il était juste alors qu'ils fussent exemptés de l'impôt. Plus tard, les roturiers [3] aussi devinrent soldats : sous le règne de Louis XV, ils formaient depuis longtemps la plus grande partie de l'armée ; néanmoins *ils restaient charges de tous les impôts, tandis que les nobles étaient exemptés de plusieurs.* C'était un abus.

3. Au moyen âge, chaque seigneur était le protecteur et le juge de ses paysans, et ceux-ci payaient leur maître par des redevances[4] et des corvées[5]. Mais au temps de Louis XV, un grand nombre de seigneurs ne rendaient plus les mêmes services à leurs paysans, et *ils continuaient quand même d'exiger les anciennes redevances féodales.* C'était encore un abus.

4. Louis XV ne fit rien pour réformer ces coutumes devenues injustes. Son successeur, **Louis XVI,** au contraire, entreprit généreusement cette œuvre de justice. Mais, par malheur, il manquait de fermeté, et les mauvais écrivains avaient déjà rendu très difficile une réforme pacifique.

5. Les **abus** furent sans doute une des causes de la révolution, mais non la principale : les *fausses doctrines de* **Rousseau** [6] et la *haine* que l'impie **Voltaire** [7] sema contre la religion, eurent bien plus de force que les abus pour exciter à la révolte.

Explication des mots.

1. **Egoïsme** : défaut de l'homme qui ne pense qu'à soi. — 2. **Légitimes** : justes. — 3. Les **roturiers** : les non nobles, le peuple. — 4. **Redevances** : sommes d'argent payées à époques fixées ; certaines redevances se payaient en nature. — 5. **Corvées** : journées de travail gratuit que les paysans faisaient pour les seigneurs ou pour le roi. — 6. **Rousseau** : écrivain né à Genève, ennemi de la religion et de la société. — 7. **Voltaire** : écrivain français, né à Paris, grand ennemi de la religion chrétienne.

Questionnaire. — *Leçon.* — **221.** Louis XV fit-il aimer la royauté ? — **222.** Quel usage fit-il du pouvoir ? **223.** S'occupat-il de corriger les abus ?

Récit. — **1.** Dites ce qu'étaient la plupart des abus. — **2.** Donnez un exemple d'abus au sujet de l'impôt. — **3.** Parlez de l'abus des redevances féodales. — **4.** Louis XV commença-t-il à supprimer des abus ? — **5.** Les abus furent-ils la plus grande cause de la révolution ?

Devoir. — Tracez la carte de France, et placez sur cette carte les noms suivants : *Brest, Rochefort, Toulon, la Manche, Dunkerque, Denain, Meaux, Cambrai, Rouen, Versailles, Flandre, Franche-Comté.*

QUATRIÈME PARTIE

LA RÉVOLUTION ET L'ÉPOQUE CONTEMPORAINE

73ᵉ LEÇON. — LOUIS XVI

224. Louis XVI était un prince vertueux, éclairé et plein d'amour pour son peuple ; malheureusement il manquait de fermeté.

225. Avec l'aide de ses ministres, Turgot et Necker, il essaya de réformer quelques abus ; mais les privilégiés [1] firent une vive opposition : Louis XVI faiblit et renvoya ses ministres.

226. En 1789, Louis XVI réunit les états généraux pour remédier au désordre des finances. Cette assemblée allait bientôt prendre le nom d'Assemblée nationale [2] constituante [3], et commencer la Révolution française.

Première séance des états généraux de 1789, à Versailles.

RÉCIT. — Les états généraux.

1. L'assemblée des **états généraux** se réunit à Versailles, le 5 mai 1789. Elle comptait environ douze cents députés : trois cents du **clergé**, trois cents de la **noblesse** et six cents du **tiers état**.

2. Louis XVI termina son discours d'ouverture[4] par ces belles paroles : *Mon désir le plus ardent est qu'un heureux accord règne parmi vous, Messieurs, et que cette époque devienne à jamais mémorable pour le bonheur du royaume!* L'assemblée répondit par des applaudissements et par les cris répétés de *Vive le roi!*

3. L'accord ne fut pas de longue durée. Le clergé et surtout la noblesse voulaient que chaque ordre formât une assemblée : c'était le **vote par ordre**.

4. Le tiers état, au contraire, voulait que l'on ne fît qu'*une seule assemblée des trois ordres :* c'était le **vote par tête**. De cette façon, le tiers état s'assurait la majorité[5], car il était aussi nombreux que les deux autres ordres réunis.

5. Cinq semaines se passèrent en stériles[6] discussions. Le roi voulut alors trancher la question et ordonna de former trois assemblées séparées ; mais les députés du tiers état refusèrent d'obéir. Le faible Louis XVI céda bientôt et les trois ordres se réunirent pour former l'*Assemblée nationale constituante*.

Explication des mots.

1. Les **privilégiés** : ceux qui profitaient des abus, les nobles. — 2. Assemblée **nationale** : assemblée qui représente toute la nation. — 3. **Constituante** : devant faire une constitution, ou loi qui fixerait la forme du gouvernement de la France. — 4. Discours **d'ouverture** : discours pour ouvrir, commencer les travaux de l'Assemblée. — 5. La **majorité** : le plus grand nombre des voix de l'Assemblée. — 6. **Stériles** : infructueuses, sans résultats.

Questionnaire. — *Leçon.* — 224. Quel était le caractère de Louis XVI. — 225. Que fit Louis XVI avec l'aide de ses ministres? — 226. Quelle assemblée Louis XVI réunit-il en 1789?
Récit — 1. Où se réunit l'assemblée des états généraux ? — 2. Comment Louis XVI termina-t-il son discours d'ouverture? — 3. L'accord fut-il de longue durée? Pourquoi fut-il rompu? — 4. Que voulait le tiers état? — 5. Comment la difficulté fut-elle résolue?

Devoir. — Parlez des états généraux de 1789.

74ᵉ LEÇON. — L'ASSEMBLÉE CONSTITUANTE
ET L'ASSEMBLÉE LÉGISLATIVE

227. L'Assemblée constituante fit quelques bonnes réformes : elle abolit [1] les privilèges, proclama l'égalité de tous les Français, et divisa la France en départements.

228. Elle commit aussi bien des fautes : la plus grande fut d'imposer aux prêtres la Constitution civile du clergé [2], contraire aux lois de l'Eglise.

229. L'Assemblée législative remplaça la Constituante. Elle persécuta les prêtres fidèles à l'Église, déclara la guerre à l'Autriche et fit enfermer Louis XVI dans la tour du Temple [3].

Attaque de la Bastille le 14 juillet 1789.

RÉCIT. — Prise de la Bastille.

1. En même temps que le tiers état refusait d'obéir au roi, des milliers de vagabonds [4] accourus à Paris excitaient le peuple à la révolte.

2. Louis XVI fit venir quelques régiments aux environs de la capitale, dans le but de maintenir l'ordre ;

mais les meneurs [5] persuadèrent au peuple que c'était pour livrer Paris à feu et à sang.

3. A cette nouvelle, une populace furieuse courut aux armes, pilla les boutiques des armuriers, et le lendemain, *14 juillet*, cent mille hommes marchèrent contre la **Bastille** [6].

4. La vieille prison d'État n'avait pour défenseurs que trente-deux Suisses [7] et quatre-vingts invalides. Un coup de canon donne le signal de la résistance : en quelques minutes, deux cents insurgés [8] tombent frappés à mort; mais la fureur des autres ne fait que s'accroître.

5. Après cinq heures de lutte, les invalides effrayés demandent à se rendre. *De Launay*, gouverneur de la Bastille, capitule [9] à condition que lui et ses soldats auront la vie sauve.

6. Mais bientôt des misérables lui tranchent la tête, la mettent au bout d'une pique et la promènent dans Paris en hurlant des chants de révolte et de mort.

7. En apprenant ce qui venait de se passer, Louis XVI s'écria : *Mais c'est donc une révolte? — Non, sire,* lui répondit-on, *c'est une révolution* [10].

Explication des mots.

1. **Abolit** : détruisit. — 2. **Constitution civile du clergé** : loi qui séparait les prêtres du pape, et prétendait les faire nommer par les électeurs. — 3. **Temple** : ancien monastère des Templiers, à Paris. — 4. **Vagabonds** : hommes sans domicile, vauriens. — 5. Les **meneurs** : ceux qui étaient à la tête du complot, qui excitaient le peuple. — 6. **La Bastille** : forteresse élevée dans Paris par Charles V; elle servait de prison d'État. — 7. **Suisses** : soldats suisses au service du roi de France. — 8. **Insurgés** : révoltés. — 9. **Capitule** : se rend, cède la place. — 10. **Révolution** : changement de régime, de gouvernement.

Questionnaire. — *Leçon.* — 227. Citez quelques bonnes réformes de l'Assemblée constituante. 228. Quelle fut la plus grande faute de l'Assemblée constituante. — 229. Que savez-vous de l'Assemblée législative?

Récit. — 1, 2. Comment le peuple de Paris fut-il porté à prendre les armes? — 3, 4, 5. Racontez la prise de la Bastille. — 6. Que fit-on à de Launay? — 7. Que dit Louis XVI à cette nouvelle?

Devoir. — Faites le récit de la prise de la Bastille.

75ᵉ LEÇON. — LA CONVENTION

230. La Convention remplaça l'Assemblée législative. Elle se divisa en deux grands partis : les Girondins, républicains modérés [1], et les Jacobins, républicains exaltés [2] et violents.

231. Vergniaud, Guadet, Lanjuinais, étaient les chefs des Girondins. Robespierre, Danton et le hideux Marat étaient les chefs des Jacobins. Ces derniers se rendirent fameux par leur cruauté.

232. La Convention proclama la république dès sa première séance. Elle vota ensuite la mort de Louis XVI, et le fit exécuter le 21 janvier 1793.

Les adieux de Louis XVI à sa famille dans la tour du Temple.

RÉCIT. — Mort de Louis XVI.

1. Depuis cinq mois, Louis XVI était enfermé dans la prison du **Temple**. Le soir du 20 janvier il fit ses *derniers adieux* à sa famille : la reine Marie-Antoinette, le jeune Dauphin et sa sœur se jetèrent dans les bras du roi en pleurant ; pendant deux heures, on n'entendit que des sanglots [3].

2. Après cette scène déchirante, le roi se confessa, pria longtemps avec ferveur et s'endormit d'un sommeil tranquille. Le matin, il entendit la messe dans sa chambre et communia.

3. A neuf heures, on vint le chercher. Il monta dans la voiture qui devait le conduire au supplice, et se mit à lire les prières des mourants dans le bréviaire[4] de son confesseur.

4. Le temps était sombre, un silence de mort régnait dans la capitale, toutes les portes étaient fermées : on n'entendait que le roulement des canons sur le pavé des rues, on ne voyait que des hommes sinistres[5] armés de baïonnettes.

5. Arrivé sur la place de la Révolution[6], le roi gravit[7] d'un pas ferme les degrés[8] de l'échafaud. *Français, s'écria-t-il, je meurs innocent ; je pardonne aux auteurs de ma mort, et je prie Dieu que mon sang ne retombe jamais sur la France!* Un roulement de tambours couvrit alors sa voix.

6. *Fils de saint Louis, montez au ciel!* lui dit son confesseur. Quelques instants après, la tête du roi tombait, et l'affreux régicide[9] était consommé.

Explication des mots.

1. Républicains **modérés** : ceux qui n'aiment pas les excès, la violence. — 2. Républicains **exaltés** : ceux qui sont très ardents, et ne reculent pas devant les moyens violents. — 3. **Sanglots** : soupirs entrecoupés. — 4. **Bréviaire** : livre de prières des prêtres. — 5. Hommes **sinistres** : hommes à la mine effrayante. — 6. Place de la **Révolution** : aujourd'hui place de la Concorde. — 7. **Gravit** : monta. — 8. **Degrés** de l'échafaud : les marches qui conduisent à la plate-forme de l'échafaud. — 9. **Régicide** : assassinat d'un roi.

Questionnaire. — *Leçon.* — **230.** Comment se divisa la Convention ? — **231.** Quels étaient les chefs des Girondins et des Jacobins ? — **232.** Que fit la Convention ?

Récit. — **1.** Où était enfermé Louis XVI ? Racontez ses derniers adieux à sa famille. — **2.** Comment se prépara-t-il à la mort ? — **3.** Comment alla-t-il de sa prison au lieu du supplice ? — **4.** Quel était l'aspect de la capitale ? — **5, 6.** Racontez la mort de Louis XVI.

Devoir. — Faites le récit de la mort de Louis XVI.

76ᵉ LEÇON. — LA TERREUR (1793-1794)

233. Le roi ne fut pas la seule victime. La Convention institua le Tribunal révolutionnaire, chargé de punir ses ennemis. Alors les prisons se remplirent d'hommes, de femmes, de prêtres, suspects [1] de ne pas aimer la Révolution.

234. Tous les honnêtes gens tremblaient pour leur vie : la guillotine était en permanence sur les places de nos grandes cités.

235. La Vendée tout entière, Lyon, Bordeaux, Toulon et d'autres villes se soulevèrent contre la Convention; elles furent vaincues, et un grand nombre de leurs habitants égorgés. — Cette époque sanglante a gardé dans l'histoire le nom de Terreur.

Carte pour l'histoire de France, depuis la Révolution jusqu'à nos jours.

RÉCIT. — La guerre de Vendée.

1. Les **Vendéens** aimaient beaucoup leurs seigneurs et leurs prêtres : pour les défendre, ils soutinrent contre la Convention une véritable *guerre de géants*.

2. Peu après la mort de Louis XVI, le voiturier **Cathelineau** appela les Vendéens aux armes pour la cause de la religion catholique et de la royauté. A sa voix entraînante, les paysans se levèrent; armés de fourches, de faux, de mauvais fusils de chasse, ils s'emparèrent de *Cholet*[2] et de plusieurs autres villes.

3. Nommé *général en chef* par les paysans et par les nobles, l'héroïque Cathelineau prit *Saumur*[2] et *Angers*[3]; mais il fut tué à l'attaque de *Nantes*. Sa mort était une perte irréparable pour la Vendée.

4. Les autres héros de cette guerre furent *d'Elbée, Bonchamp, Charette* et *La Rochejacquelein*. Ce dernier n'avait que vingt ans lorsque les paysans le mirent à leur tête. Avant la première bataille, il dit à ses soldats ces énergiques paroles :

Soldat vendéen.

Si j'avance, suivez-moi; si je recule, tuez-moi; si je meurs, vengez-moi.

5. Pour bien montrer le motif de cette guerre, les Vendéens portaient un chapelet au cou, ou bien une image du Sacré-Cœur sur la poitrine. Avant d'engager le combat, ils se jetaient à genoux, faisaient une courte prière puis se relevaient, terribles comme des lions. Ils remportèrent d'abord de belles victoires et firent trembler la Convention. Mais à la fin, écrasés par le nombre, ils furent vaincus par Kléber et Marceau[4].

Explication des mots.

1. **Suspects** : soupçonnés. — 2. **Cholet**, **Saumur** : villes du département de Maine-et-Loire. — 3. **Angers** : préfecture du département de Maine-et-Loire. — 4. **Kléber**, **Marceau** : généraux habiles que la Convention envoya contre les Vendéens.

Questionnaire. — *Leçon.* — **233.** Quel tribunal la Convention institua-t-elle? — **234.** Les honnêtes gens étaient-ils en sûreté? — **235.** Quelles villes se soulevèrent? Comment appelle-t-on cette époque?

Récit. — Racontez la guerre de Vendée.

Devoir. — Que savez-vous de Cathelineau et de la Rochejacquelein.

77ᵉ LEÇON. — LES GUERRES DE LA CONVENTION

236. Épouvantés par la mort de Louis **XVI**, tous les rois de l'Europe formèrent contre la France une redoutable coalition [1].

237. Dans ce péril extrême, la Convention déploya une sauvage énergie [2]. Elle confia la direction de la guerre à Carnot et ordonna une levée de trois cent mille hommes.

238. Nos armées repoussèrent vaillamment tous les ennemis et remportèrent de grandes victoires. Une des plus belles fut celle de Fleurus [3], qui nous donna la Belgique.

Bataille de Fleurus, gagnée sur les Autrichiens par Jourdan (1794).

RÉCIT. — La victoire de Fleurus.

1. A la tête de cent mille Autrichiens, le prince de **Cobourg** s'avançait par la Belgique et prétendait marcher droit à Paris.

2. Le 26 juin 1794, il attaqua, près de **Fleurus**, l'armée française commandée par **Jourdan**.

3. Le front des deux armées avait dix lieues d'étendue, et cinq ou six batailles partielles se livraient en même temps; cependant la lutte décisive [4] ne commença qu'à la fin de la journée.

4. Trois colonnes autrichiennes s'avancent alors contre Jourdan; notre canon les met en désordre, mais elles se reforment [5] sous les boulets et continuent leur marche en avant.

5. En ce moment, les obus enflamment les champs de blé, et il semble que l'on combatte au milieu d'une plaine de feu. Effrayés, quelques-uns de nos soldats parlent de retraite. *Non, non*, s'écrie Jourdan, *point de retraite! en avant!*

6. Ces paroles exaltent les Français, qui se précipitent sur les Autrichiens en criant: *Point de retraite! en avant!* Rien ne peut arrêter cet élan [6], notre victoire est complète.

7. Pendant cette bataille, Jourdan s'était servi d'un aérostat [7] pour observer les mouvements de l'ennemi. C'était la première fois qu'on employait ce moyen dans l'art de la guerre.

Soldat de la Convention.

Explication des mots.

1. **Coalition** : union de plusieurs puissances contre une autre — 2. **Sauvage énergie** : force, vigueur qui va jusqu'à la cruauté. — 3. **Fleurus** : village de Belgique. — 4. **Lutte décisive** : la plus importante, celle qui fait connaître le vainqueur. — 5. Se **reforment** : se remettent en ordre. — 6. **Élan** : marche rapide en avant, ardeur avec laquelle on s'élance. — 7. **Aérostat** : grand ballon qui s'élève dans les airs, parce qu'il est rempli d'un gaz plus léger que l'air même.

Questionnaire. — *Leçon.* — 236. Que firent les rois de l'Europe à la mort de Louis XVI? — 237. Que fit la Convention dans ce péril extrême? — 238. Parlez des victoires de nos armées.

Récit. — 1. Que prétendait Cobourg avec ses cent mille Autrichiens? — 2. Que fit-il le 26 juin 1794? — 3. N'y eut-il pas plusieurs batailles en même temps? — 4, 5. 6. Racontez la lutte décisive de la fin de ce jour. — 7. De quel moyen Jourdan se servit-il pour observer les mouvements de l'ennemi?

Devoirs. — 1. Racontez la bataille de Fleurus. — 2. Tracez la carte de France, et placez sur cette carte les noms suivants : *Versailles, Lyon, Bordeaux, Toulon, la Vendée, Cholet, Saumur, Angers, Nantes, Fleurus.*

78e LEÇON. — LE DIRECTOIRE

239. On appelle Directoire le gouvernement qui remplaça la Convention.

240. En 1795, tous les ennemis de la France avaient posé les armes, excepté l'Autriche et l'Angleterre.

241. Le Directoire envoya deux armées contre l'Autriche : l'une devait traverser l'Allemagne, l'autre l'Italie, puis toutes deux iraient se réunir sous les murs de Vienne.

242. A la tête de l'armée d'Italie, le général Bonaparte vainquit successivement plusieurs armées autrichiennes, et il força l'empereur à signer, en 1797, le traité de Campo-Formio [1].

Bonaparte au siège de Toulon (1793).

RÉCIT. — Le général Bonaparte.

1. Napoléon Bonaparte naquit à *Ajaccio* [2], le 15 août 1769. A dix ans, il entra comme boursier [3] à l'école militaire de Brienne [4], et s'y fit remarquer par sa docilité et son ardeur à l'étude des mathématiques [5] et de l'histoire.

2. Le jeune Bonaparte alla ensuite à l'école militaire de Paris, et il en sortit, à seize ans, avec le grade de sous-lieutenant d'artillerie.

3. En 1793, il se distingua au siège de *Toulon* contre les Anglais, et fut nommé général de brigade[6]. Il avait vingt-quatre ans.

4. En 1796, le Directoire confia au général Bonaparte le commandement de l'*armée d'Italie*. Le nouveau chef fut mal accueilli par les vieux généraux, à cause de sa jeunesse, et aussi par les soldats qui se moquaient de sa petite taille. Mais lorsque les officiers l'entendirent donner ses premiers ordres, ils se dirent les uns aux autres : *Nous avons trouvé notre maître.*

5. En dix mois, avec une armée de cinquante mille Français, Bonaparte vainquit successivement une armée piémontaise et quatre armées autrichiennes, fit plus de quatre-vingt mille prisonniers et s'avança jusqu'aux portes de Vienne. L'empereur effrayé signa la paix de *Campo-Formio,* qui nous donnait la rive gauche du Rhin. Bonaparte revint en France couvert de gloire.

Explication des mots.

1. **Campo-Formio** : village d'Italie, dans le pays de Venise. — 2. **Ajaccio** : aujourd'hui préfecture du département de la Corse. — 3. **Boursier** : élève dont la pension est payée par des bienfaiteurs ou par l'État. —4. **Brienne** : village du département de l'Aube. — 5. **Mathématiques** : sciences qui ont pour but l'étude des nombres et des grandeurs mesurables; l'arithmétique en fait partie. — 6. **Brigade** : troupe formée de deux régiments.

Questionnaire. — *Leçon.* — 239. Qu'appelle-t-on Directoire? — 240. Quels pays continuèrent la lutte contre la France, en 1795. — 241. Que fit le Directoire pour vaincre l'Autriche? — 242. Que fit Bonaparte à la tête de l'armée d'Italie?
Récit. — 1, 2. Où naquit Bonaparte? Dans quelles écoles militaires fut-il admis? — 3. A quel siège Bonaparte se distingua-t-il? — 4. Quelle armée fut confiée à Bonaparte en 1796? De quelle manière fut-il accueilli par les généraux et par les soldats. — 5. Résumez les exploits de Bonaparte à la tête de l'armée d'Italie.

Devoir. — Que savez-vous de la campagne du général Bonaparte en Italie?

79ᵉ LEÇON. — L'EXPÉDITION D'ÉGYPTE

243. L'Angleterre s'obstinait [1] à continuer la lutte. Pour la réduire [2], Bonaparte résolut de conquérir l'Égypte et de menacer les colonies anglaises de l'Inde [3].

244. Il choisit les meilleurs officiers et les meilleurs soldats, réunit un groupe de savants, et s'embarqua à Toulon en 1798 avec une armée de trente-six mille hommes.

245. Bonaparte gagna la bataille des Pyramides [4] et s'empara du Caire, capitale de l'Égypte. Il s'avança ensuite jusqu'en Syrie, mais la peste se mit dans son armée, et il revint en France.

Victoire des Pyramides gagnée par le général Bonaparte
sur les Mamelucks, maîtres de l'Égypte (1798).

RÉCIT. — Conquête de l'Égypte.

1. Bonaparte débarqua en Égypte, s'empara de la grande ville d'*Alexandrie* et marcha vers le Caire.

2. L'armée française traversa le désert, sous les ardeurs d'un soleil de feu, malgré les continuelles attaques des *Mamelucks* [5], maîtres de l'Égypte. Le 21 juillet, on arriva près des *Pyramides,* et l'on découvrit toute l'armée des Mamelucks.

3. Pour combattre leur nombreuse et excellente cavalerie, Bonaparte n'avait que de l'infanterie. Il partagea son armée en cinq divisions égales qui se formèrent en carrés.

4. Avant la bataille, il se tourna vers ses troupes et, montrant les Pyramides, il dit : *Soldats, du haut de ces Pyramides, quarante siècles vous contemplent*[6]. Ces paroles excitèrent l'enthousiasme dans tous les cœurs.

5. Quelques instants après, la brillante cavalerie des Mamelucks se précipita sur les Français avec l'impétuosité de l'ouragan du désert. Mais nos carrés restèrent fermes : les soldats des premiers rangs croisaient la baïonnette, tandis que les autres faisaient feu et tuaient chevaux et cavaliers. Après plusieurs charges inutiles, les Mamelucks découragés prirent la fuite. Le lendemain, Bonaparte et ses troupes victorieuses entraient au Caire. L'Egypte était conquise.

Grenadier
de Napoléon Ier.

Explication des mots.

1. **S'obstinait** : persistait, s'entêtait. — 2. **La réduire** : la dompter, la forcer à la paix. — 3. **Inde** : riche contrée du sud de l'Asie, appartenant aux Anglais. — 4. **Pyramides** : célèbres monuments construits par les rois de l'ancienne Égypte. La plus grande pyramide a 233 mètres de largeur à la base, et 150 mètres de hauteur. — 5. **Mamelucks** : célèbre milice de cavaliers qui était maîtresse de l'Égypte avant l'expédition du général Bonaparte. — 6. **Quarante siècles vous contemplent** : les pyramides, bâties depuis quarante siècles, vont être témoins de votre bravoure.

Questionnaire. — *Leçon.* — 243. Que voulut faire Bonaparte pour réduire l'Angleterre ? — 244. Comment forma-t-il son armée ? — 245. Que fit-il en Égypte ?

Récit. — **1, 2.** Parlez de la marche de l'armée française en Égypte. — **3, 4, 5.** Racontez la bataille des Pyramides.

Devoir. — Racontez la conquête de l'Égypte par Bonaparte.

80ᵉ LEÇON. — LE CONSULAT

246. A son retour d'Égypte, en **1799**, Bonaparte renversa le Directoire se fit nommer premier consul, et devint ainsi le chef du nouveau gouvernement appelé Consulat [1].

247. Le premier consul était un homme de génie : il rouvrit les églises, rétablit l'ordre et permit aux émigrés [2] de rentrer en France.

248. Après le passage du Saint-Bernard et la victoire de Marengo [3], Bonaparte dicta à l'Autriche la paix de Lunéville [4]; l'Angleterre elle-même posa les armes en signant le traité d'Amiens en 1802.

Passage du Saint-Bernard par l'armée du Premier Consul, en 1800.

RÉCIT. — Le passage du Saint-Bernard.

1. Pendant l'expédition d'Égypte, le Directoire avait excité *une nouvelle coalition* contre la France, et nos armées avaient été vaincues en Italie par les Russes et les Autrichiens.

2. Pour venger nos défaites, le premier consul résolut de **franchir les Alpes au mont Saint-Bernard.** L'entreprise était périlleuse : avec une armée de quarante mille hommes, des chevaux et des canons, il fal-

lait suivre des sentiers étroits, bordés de précipices, et n'avancer que pas à pas, sous la menace continuelle des avalanches [5].

3. On mit les canons dans des troncs de sapins creusés, et chaque pièce fut traînée par une **troupe de cent hommes.** Pour exciter les courages dans les endroits difficiles, la musique jouait des airs entraînants et les tambours battaient la charge.

4. Au sommet de la montagne, les **Français** furent parfaitement accueillis par les religieux de l'hospice du Saint-Bernard; ils prirent les rafraîchissements qu'on leur avait préparés et, après quelques heures de repos, ils se remirent en marche.

5. Les difficultés s'accrurent encore à la descente, mais aucun obstacle ne put arrêter la marche de nos intrépides soldats.

6. Le 14 juin 1800, Bonaparte remporta sur les Autrichiens la victoire de *Marengo,* qui nous rendit maîtres de l'Italie.

Explication des mots.

1. **Consulat** : gouvernement établi par le général **Bonaparte,** en 1799. Il donnait le pouvoir à trois **magistrats** appelés *consuls,* mais le *premier* avait presque **toute l'autorité.** — 2. **Émigrés** : les Français qui avaient quitté leur patrie pour échapper à la mort pendant la **Révolution.** — 3. **Marengo** : village du nord de l'Italie. — 4. **Lunéville** : ville située dans le département de Meurthe-et-Moselle. — 5. **Avalanches** : masses de neige qui se détachent du sommet des montagnes, grossissent en roulant et écrasent tout ce qui se trouve sur leur passage.

Questionnaire. — *Leçon.* — 246. Que fit Bonaparte à son retour d'Égypte? — 247. Quel bien le premier consul fit-il à la France? — 248. Qu'arriva-t-il après la victoire de Marengo?

Récit. — 1. Le Directoire n'avait-il pas excité une coalition durant l'expédition d'Égypte? — 2. Que résolut le premier consul pour venger nos défaites? Le passage des Alpes était-il facile? — 3. Comment les canons furent-ils transportés? — 4. Qu'arriva-t-il au sommet de la montagne? — 5. Parlez de la descente. — 6. Qu'arriva-t-il le 14 juin 1800?

Devoir. — Racontez le passage du mont Saint-Bernard par l'armée française.

81e LEÇON. — NAPOLÉON EMPEREUR

249. Le premier consul montrait autant d'habileté dans la paix que dans la guerre, et sous son intelligente administration la France retrouvait le bonheur.

250. Ses ennemis tentèrent de l'assassiner; ils ne réussirent qu'à le rendre plus populaire et à favoriser ses projets ambitieux [1].

251. En 1804, Bonaparte se fit proclamer empereur des Français, sous le nom de Napoléon Ier. Il fut sacré dans l'église Notre-Dame de Paris par le pape Pie VII, venu exprès de Rome pour cette grande cérémonie.

Cérémonie du sacre de Napoléon, dans l'église Notre-Dame de Paris le 2 décembre 1804.

RÉCIT. — Le sacre de Napoléon Ier.

1. A l'exemple de Charlemagne, Napoléon voulut donner à son pouvoir la *consécration* [2] *de l'Église,* et il pria le pape de venir le sacrer empereur des Français.

2. Pie VII accueillit la demande de l'illustre guerrier

et se mit en route pour Paris; il traversa la France au milieu des témoignages de respect et d'amour des populations catholiques.

3. La cérémonie du sacre eut lieu dans l'église **Notre-Dame**, au milieu d'une magnificence [3] inouïe [4], le *2 décembre 1804.* A dix heures du matin, le pape, les cardinaux, soixante évêques de l'Empire, un grand nombre d'officiers et l'élite de la France, attendaient à l'église l'arrivée de Napoléon. Il parut bientôt avec l'impératrice Joséphine. Tous deux étaient revêtus d'ornements magnifiques, semblables aux costumes du moyen âge.

4. Après quelques prières, le pape consacra avec l'huile sainte le front du nouvel empereur, lui mit l'épée au côté, et à la main le sceptre d'or [5]. Mais Napoléon saisit lui-même la couronne et la posa sur sa tête, puis il couronna l'impératrice agenouillée devant lui.

5. Le pontife embrassa alors Napoléon et dit : *Vive l'empereur!* La foule répondit par les cris répétés de : *Vive l'empereur! Vive l'impératrice!* En même temps le canon annonçait à toute la France la consécration de la dynastie [6] nouvelle.

Explication des mots.

1. Ses **projets ambitieux** : ce qu'il voulait faire pour augmenter sa puissance et devenir empereur. — 2. **Consécration** : bénédiction spéciale qui donne un caractère sacré. — 3. **Magnificence** : grandeur, richesse, splendeur. — 4. Inouïe : très extraordinaire. — 5. **Sceptre** : espèce de bâton de commandement, signe de l'autorité royale. — 6. **Dynastie** : famille qui donne des souverains à un pays.

Questionnaire. — *Leçon.* — 249. Le premier consul gouvernait-il avec habileté? — 250. Que tentèrent les ennemis du premier consul? — **251.** Qu'arriva-t-il en 1804?

Récit. — **1.** Que fit Napoléon à l'exemple de Charlemagne? — **2.** Parlez du voyage de Pie VII à travers la France. — **3, 4, 5.** Racontez la cérémonie du sacre de Napoléon.

Devoir. — **1.** Racontez le sacre et le couronnement de Napoléon. — **2.** Tracez la carte de France, et placez sur cette carte les noms suivants : *Ajaccio, Brienne, Toulon, Lunéville, Amiens, le Saint-Bernard.*

82ᵉ LEÇON.

LES PREMIÈRES GUERRES DE L'EMPIRE

252. L'Empire ne fut qu'une suite de guerres contre l'Europe. En 1805, Napoléon remporta sur les Russes et les Autrichiens la grande victoire d'Austerlitz [1].

253. En 1806, les Prussiens furent vaincus à Iéna [2]; Napoléon fit son entrée solennelle à Berlin [3], et toute la Prusse fut conquise en trois semaines.

254. En 1807, les Russes perdirent les batailles d'Eylau, de Friedland [4], et le czar [5] Alexandre signa avec Napoléon le traité de Tilsitt [6].

A Iéna, un grenadier impatient de combattre avait crié : *En avant!* — *Ce ne peut être qu'un conscrit qui vient de parler*, repartit sévèrement l'Empereur; *qu'il attende d'avoir commandé dans trente batailles rangées avant de me donner des conseils.*

RÉCIT. — La guerre de Prusse.

1. A **Berlin**, on parlait beaucoup de la victoire de Rosbach, remportée par Frédéric II sur un général de Louis XV, et l'on croyait battre aisément les Français. La reine de Prusse, pour exciter l'enthousiasme des soldats, passait des revues [7] à cheval et en costume militaire. Le roi se laissa enfin entraîner et prit les armes contre Napoléon.

2. Cette guerre fut pour la Prusse un immense désastre. Napoléon mit en déroute[8] la première armée prussienne à la bataille d'**Iéna** (14 octobre 1806). Le même jour, à **Auerstædt**[2], le maréchal *Davout*, à la tête de vingt-six mille Français, repoussa l'autre armée prussienne forte de soixante-six mille hommes.

3. Dans ces deux batailles, l'armée française avait enlevé à l'ennemi plus de soixante drapeaux et pris quatre cents pièces de canon.

4. Les débris de l'armée vaincue fuyaient de toutes parts ; Napoléon les fit poursuivre par sa cavalerie. Les Prussiens étaient si épouvantés que leurs places fortes se rendaient à l'arrivée de quelques soldats français.

5. Toute la Prusse fut conquise en trois semaines, et le roi, qui s'était enfui à l'extrémité de ses États, n'avait plus ni canons ni armée.

6. Napoléon envoya à Paris l'épée du grand Frédéric en disant : *Les invalides seront heureux quand ils verront en notre pouvoir l'épée de celui qui les vainquit à Rosbach.*

Explication des mots.

1. **Austerlitz** : village de la Moravie, province d'Autriche. — 2. **Iéna**, **Auerstædt** : villes de la Saxe prussienne. — 3. **Berlin** : capitale de la Prusse. — 4. **Eylau**, **Friedland** : petites villes de la Prusse orientale. — 5. **Czar** : nom donné aux empereurs de Russie. — 6. **Tilsitt** : petite ville de la Prusse orientale. — 7. Passait des **revues** : faisait défiler les troupes devant elle. — 8. **Déroute** : fuite en désordre.

Questionnaire. — *Leçon.* — 252. Y eut-il beaucoup de guerres sous l'empire ? Quelle victoire remporta Napoléon en 1805 ? — 253. Quels ennemis furent vaincus en 1806 ? — 254. Parlez de la guerre de 1807.

Récit. — 1. Comment le roi de Prusse se laissa-t-il entraîner à la guerre contre Napoléon ? — 2. Parlez des victoires des Français. — 3. Quelles furent les pertes de l'ennemi ? — 4. Parlez de l'épouvante des Prussiens. — 5. En combien de temps la Prusse fut-elle conquise ? — 6. Que devint l'épée du grand Frédéric ?

Devoir. — Conquête de la Prusse par Napoléon.

83ᵉ LEÇON. — LES FAUTES DE NAPOLÉON

255. L'ambition de Napoléon Iᵉʳ grandissait avec ses victoires ; elle lui fit commettre de grandes fautes.

256. En 1808, il entreprit une guerre injuste contre l'Espagne, et l'année suivante, il fit occuper les États de l'Église et amener le pape prisonnier en France.

257. Enfin, en 1812, Napoléon partit à la tête de cinq cent mille hommes pour soumettre la Russie. Il fut vainqueur à la terrible bataille de la Moskowa [1] et entra dans Moscou [2]. Mais les Russes incendièrent la ville pendant la nuit, et notre armée dut battre en retraite.

Passage de la Bérésina par les débris de la grande armée revenant de Moscou.

RÉCIT. — La retraite de Russie.

1. L'hiver approchait, il fallut songer à la retraite : notre armée quitta Moscou à la fin d'octobre et se mit en marche vers la France.

2. Dès le 6 novembre, un froid violent se fit sentir et la neige tomba en abondance. Des milliers de chevaux

périrent : il fallut abandonner sur la route un grand nombre de canons et des voitures remplies de blessés.

3. Sans pain, grelottant de froid, nos malheureux soldats marchaient en désordre dans la neige. Leurs mains gelées ne pouvaient plus manier leur fusil, et cependant il fallait sans cesse repousser les *Cosaques*[3] qui les harcelaient et tuaient les traînards[4].

4. Le 26 novembre, on franchissait la **Bérésina**[5] sur deux ponts établis la nuit précédente. Tout à coup les premiers boulets des Russes tombent au milieu de la foule et y sèment l'épouvante. Chacun se presse alors vers les ponts, on n'entend plus les ordres des chefs, on s'écrase les uns les autres pour arriver plus tôt sur l'autre rive. L'un des ponts s'écroule sous le poids des fuyards, et des milliers de malheureux périssent, noyés dans les eaux de la Bérésina ou tués par les boulets de l'ennemi. Ce fut une scène épouvantable.

5. Enfin, les misérables débris de la Grande armée[6] atteignirent le Niémen[7]; ils ne comptaient pas trente mille hommes. *Plus de trois cent mille Français* avaient péri dans cette campagne de Russie.

Explication des mots.

1. La **Moskowa** : rivière de Russie, qui passe à Moscou. — 2. **Moscou** : grande ville et ancienne capitale de la Russie. — 3. **Cosaques** : peuplade à demi sauvage de la Russie, dont les habiles cavaliers ne cessaient de harceler nos troupes pendant la retraite. — 4. **Traînards** : soldats qui restent en arrière du corps d'armée. — 5. La **Bérésina** : large rivière qui se jette dans le Dniéper. — 6. **Grande armée** : on appela ainsi l'armée de cinq cent mille hommes avec laquelle Napoléon entra en Russie. — 7. **Niémen** : fleuve qui se jette dans la mer Baltique; il formait la frontière de la Russie.

Questionnaire. — *Leçon.* — 255. L'ambition de Napoléon fut-elle satisfaite après plusieurs années de victoires? — 256. Quelles grandes fautes commit Napoléon? — 257. Parlez de l'expédition de Russie.

Récit. — 1. Quand notre armée quitta-t-elle Moscou? — 2. Parlez des malheurs qui furent la suite du froid. — 3. Parlez de la marche de nos soldats. — 4. Que savez-vous du passage de la Bérésina? — 5. Quelle était la force de la Grande armée en quittant la Russie?

Devoir. — Racontez la campagne de Russie.

84ᵉ LEÇON. — L'ABDICATION DE NAPOLÉON. — LES CENT-JOURS

258. A la nouvelle de la désastreuse retraite de Russie, toute l'Europe prit les armes contre nous.

259. Napoléon remporta encore de belles victoires en Allemagne. Mais après la bataille de Leipzig [1], qui dura trois jours, un million d'ennemis envahirent la France. Paris fut pris, et l'empereur, forcé d'abdiquer [2], se retira à l'île d'Elbe [3] en 1814.

260. Louis XVIII, frère de Louis XVI, fut alors appelé à régner sur la France. Au bout de dix mois, Napoléon quitta l'île d'Elbe et revint à Paris. Ce nouveau règne ne dura que cent jours : après la défaite de Waterloo [4], Napoléon se rendit à l'Angleterre, qui l'envoya prisonnier à l'île Sainte-Hélène [5].

Voyant le désastre de Waterloo (1815), Napoléon désespéré veut se précipiter au milieu des ennemis pour y trouver la mort.

RÉCIT. — Désastre de Waterloo.

1. Après avoir battu les Prussiens à Ligny en Belgique, Napoléon chargea le maréchal *Grouchy* de les surveiller [6] avec trente mille hommes.

2. Deux jours après, il attaqua lui-même, près de **Waterloo**, les Anglais commandés par *Wellington*. Déjà l'ennemi fuyait et nous tenions la victoire, lorsque tout à coup le canon retentit sur notre droite. *C'est Grouchy!* dit l'empereur. C'étaient trente mille Prussiens qui venaient sauver les Anglais.

3. La lutte recommence. Les Français se battent avec fureur. Onze fois, cuirassïers et dragons s'élancent à la charge et font trembler la terre sous le pas de leurs chevaux; mais ils ne peuvent entamer l'ennemi.

4. Soudain la canonnade éclate de nouveau à notre droite. *Cette fois c'est Grouchy!* s'écrie Napoléon. Hélas! c'était *Blücher* avec le reste de l'armée prussienne.

5. Alors nos soldats se croient trahis, des cris de *sauve qui peut!* éclatent dans les rangs. Cavaliers et fantassins s'enfuient en désordre vers la France.

6. Napoléon désespéré met l'épée à la main et veut se précipiter sur l'ennemi. Ses maréchaux l'entraînent loin du champ de bataille.

7. De retour à Paris, l'empereur renonça au **trône et** se rendit à l'Angleterre, qui l'envoya prisonnier à Sainte-Hélène. Il y mourut chrétiennement en **1821.**

Explication des mots.

1. **Leipzig** : ville de Saxe. — 2. **Abdiquer** : renoncer à la couronne. — 3. Ile d'**Elbe** : ile de la Méditerranée, non loin de l'Italie, à qui elle appartient. — 4. **Waterloo** : village de Belgique, près de Bruxelles. — 5. **Sainte-Hélène** : petite île isolée au milieu de l'océan Atlantique. — 6. Les **surveiller** : les suivre et les empêcher d'aller au secours des Anglais.

Questionnaire. — *Leçon.* — 258. Que fit l'Europe à la nouvelle de la retraite de Russie? — 259. Qu'arriva-t-il dans cette nouvelle guerre et comment prit-elle fin? — 260. Napoléon resta-t-il à l'île d'Elbe? Que savez-vous des Cent-Jours?

Récit. — 1. Que fit Napoléon après avoir battu les Prussiens à Fleurus? — 2, 3, 4, 5. Racontez la bataille de Waterloo. — 6. Napoléon ne voulait-il pas chercher la mort? — 7. Que fit l'empereur, de retour à Paris? Où et quand **mourut Napoléon**?

Devoirs. — 1. Napoléon à Waterloo. — 2. Tracez la carte des guerres de Napoléon, et placez les noms suivants : *Autriche, Austerlitz, Prusse, Iéna, Russie, Eylau, Friedland, Tilsitt, Moscou, Moskowa, Bérésina, Leipzig, l'île d'Elbe, Waterloo.*

85e LEÇON. — LA RESTAURATION

261. On appelle Restauration la royauté rétablie ou restaurée en faveur de Louis XVIII et de Charles X, frères de Louis XVI. La Restauration dura de 1815 à 1830.

262. Napoléon, après Waterloo, laissait la France envahie par l'étranger. Cent cinquante mille ennemis devaient occuper nos places de guerre pendant cinq ans. Louis XVIII obtint leur départ deux ans avant l'époque fixée : « J'ai assez vécu, dit alors le vieux roi, puisque j'ai vu le drapeau français flotter sur toutes les villes de France ! »

263. Charles X fit la conquête d'Alger et rendit à la France un des premiers rangs parmi les nations de l'Europe. Il fut renversé par la révolution de juillet 1830.

Carte de l'Algérie.

RÉCIT. — Alger.

1. Depuis plusieurs siècles, la ville d'**Alger** était la terreur des populations chrétiennes des bords de la Méditerranée.

2. Ses nombreux pirates musulmans couraient sans cesse la mer pour capturer [1] les navires de commerce ; lorsqu'ils ne pouvaient trouver de butin sur les flots, ils débarquaient sur quelque rivage mal défendu, pillaient la contrée et emmenaient les habitants pour les vendre comme esclaves.

3. Louis XIV fit bombarder Alger pour châtier les pirates, mais ceux-ci ne tardèrent pas à recommencer leurs brigandages.

4. Sous Charles X, un vaisseau français ayant été pillé par les Algériens, notre consul [2] demanda réparation au *dey*[3] d'Alger. Le dey se mit en colère, donna un coup de chasse-mouches au représentant de la France et lui ordonna de sortir du palais.

5. Charles X résolut de venger cette injure : en 1830 il envoya une armée et une flotte pour s'emparer d'Alger.

6. L'armée était commandée par le général *de Bourmont*. Elle débarqua dans la baie de Sidi-Ferruch[4], et gagna sur les troupes

Zouave.

du dey la bataille de *Staouéli*[5]. Elle attaqua ensuite les forts d'Alger pendant que notre flotte bombardait la ville. Cinq jours après, le fort l'Empereur[6] était détruit, et le dey obligé de se rendre. Ainsi commença la conquête de l'Algérie, la plus belle des colonies françaises.

Explication des mots.

1. **Capturer** : prendre. — 2. Notre **consul** : le personnage chargé de défendre à Alger les intérêts de la **France**. — 3. **Dey** : nom du roi d'Alger. — 4. **Sidi-Ferruch** : petit golfe à cinq lieues d'Alger. — 5. **Staouéli** : plateau près d'Alger. — 6. Le fort l'**Empereur** : principale forteresse d'Alger.

Questionnaire. — *Leçon.* 261. Qu'appelle-t-on Restauration ? — 262. En quel état Napoléon laissait-il la France ? Quel service Louis XVIII rendit-il à la France ? — 263. Que savez-vous de Charles X ?

Récit. — 1, 2. Que savez-vous de la ville d'Alger et de ses pirates ? — 3. Louis XIV essaya-t-il d'arrêter la piraterie ? — 4, 5. Pourquoi Charles X entreprit-il une expédition contre Alger ? — 6. Parlez de l'expédition contre le dey d'Alger.

Devoir. — Racontez la prise d'Alger par les Français.

86ᵉ LEÇON. — LOUIS-PHILIPPE

264. Louis-Philippe était cousin de Charles X; il fut proclamé roi des Français en 1830.

265. Ses principaux ministres furent Casimir Périer, Thiers et Guizot. Casimir Périer réprima [1] les émeutes [2] avec énergie; Thiers commença les fortifications de Paris; Guizot fit voter une loi qui obligeait toutes les communes d'avoir une école.

266. Sous le règne de Louis-Philippe, le commerce et l'industrie se développèrent beaucoup, et on commença la construction de nos grandes lignes de chemins de fer. — A l'extérieur, les Français s'emparèrent de Constantine et conquirent presque toute l'Algérie.

Prise de Constantine par le général Valée (1837).

RÉCIT. — Prise de Constantine.

1. Bâtie sur un rocher et entourée de gorges [3] profondes où coule le Rummel, **Constantine** paraissait imprenable.

2. En 1836, les Français firent une première expédition contre cette ville, mais ils n'étaient pas assez nombreux et ils furent obligés de battre en retraite.

3. Toute l'armée aurait péri dans cette retraite sans l'intrépidité de *Changarnier*, qui commandait l'arrière-garde. Attaqué un jour par six mille Arabes, Changarnier dit à ses braves : *Enfants, regardez ces gens-là bien en face ; ils sont six mille, vous êtes trois cents : la partie est égale.* Et les six mille Arabes furent repoussés.

4. L'année suivante, on fit une seconde expédition contre Constantine. Lorsque le canon eut ouvert une brèche[4] dans la muraille, on somma[5] la place de se rendre. *Si les Français manquent de poudre, nous leur en enverrons,* répondit fièrement le chef des Arabes. Trois jours après, nos soldats donnèrent l'assaut et la ville fut prise.

5. En arrivant sur la brèche, le colonel *Lamoricière* avait été renversé par une explosion[6]. On le retrouva blessé sous les décombres[7] ; ses zouaves l'emportèrent au camp et, par une inspiration toute française, lui donnèrent pour couverture le grand drapeau rouge du *bey*[8] de Constantine.

Explication des mots.

1. **Réprima** : arrêta. — 2. **Émeute** : révolte. — 3. **Gorge** : vallée étroite et profonde. — 4. **Brèche** : passage ouvert par le canon dans un rempart, une muraille. — 5. **On somma** : on donna ordre. — 6. **Explosion** : action d'éclater avec un bruit instantané : une mine de plusieurs barils de poudre avait éclaté près de Lamoricière. — 7. **Décombres** : amas de terre et de pierres provenant d'une démolition. — 8. **Bey** : nom des souverains à Constantine et à Tunis.

Questionnaire.—*Leçon.*264.— Qu'était Louis-Philippe ? — **265.** Parlez des principaux ministres de Louis-Philippe. — **266.** Que devinrent le commerce et l'industrie sous le règne de Louis-Philippe ? Quelle conquête firent les Français ?
Récit. — **1.** Quelle était la position et la force de Constantine ? — **2.** Que savez-vous de la première expédition contre Constantine ? — **3.** Parlez de la retraite des Français et du commandant Changarnier. — **4.** Racontez la seconde expédition contre Constantine. — **5.** Qu'arriva-t-il au colonel Lamoricière ?

Devoirs. — 1. Racontez la prise de Constantine par les Français. — 2. Tracez la carte d'Algérie, et placez les noms suivants : *Alger, Sidi-Ferruch, Staouéli Constantine.*

87ᵉ LEÇON. — LA SECONDE RÉPUBLIQUE

267. Louis-Philippe fut détrôné par la révolution de février 1848, et la république fut proclamée.

268. Au mois de juin, une terrible insurrection [1] éclata : on se battit pendant quatre jours dans les rues de Paris, sept généraux furent tués, et l'archevêque, Mᵍʳ Affre, tomba mortellement blessé sur une barricade [2].

269. Peu de temps après, Louis-Napoléon, neveu de Napoléon Iᵉʳ, fut élu président de la république. En 1852, il se fit nommer empereur, sous le nom de Napoléon III.

Dévouement de Mᵍʳ Affre pendant les journées de juin 1848.

RÉCIT. — Dévouement de Mᵍʳ Affre.

1. Trompés par des hommes ambitieux, cinquante mille ouvriers parisiens avaient arboré le drapeau rouge et pris les armes contre le gouvernement. Nos soldats se battaient depuis trois jours contre les insurgés, et des milliers de Français étaient déjà tombés victimes de cette affreuse guerre civile.

2. L'archevêque de Paris, Mgr **Affre**, touché de ces malheurs, essaya d'y mettre fin en portant des assurances de pardon et de paix aux révoltés.

3. Accompagné de deux prêtres, il s'avança vers le quartier du faubourg Saint-Antoine, où la bataille était surtout meurtrière. En marchant, il répétait ces paroles de Jésus-Christ : *Le bon pasteur* [3] *donne sa vie pour ses brebis.* Devant lui un ouvrier en blouse portait une palme verte, symbole de la paix.

4. A cette vue, bon nombre d'insurgés, la figure noircie par la poudre, descendent de leur barricade et entourent le prélat avec respect. D'autres profèrent [4] des menaces. *Mes amis, mes amis...,* dit le pontife. Soudain un coup de fusil se fait entendre, l'archevêque interrompt son discours et tombe en disant : *Je suis blessé!* Il avait reçu une balle dans les reins.

5. Quelques insurgés portèrent le courageux pasteur dans une maison voisine. Il expira après quarante-huit heures de cruelles souffrances; ses dernières paroles furent une prière pour son pays : *Mon Dieu! faites que mon sang soit le dernier versé!* Sa prière fut exaucée, car, la veille de sa mort, les insurgés, vaincus, avaient posé les armes.

Explication des mots.

1. **Insurrection** : révolte contre le gouvernement. — 2. **Barricades** : barrières élevées dans les rues avec des barriques pleines de terre, des chaînes, des pavés, des meubles, etc. — 3. **Pasteur** : berger, conducteur de brebis. Notre-Seigneur Jésus-Christ conduisant les âmes au ciel se comparait à un pasteur qui conduit ses brebis. Les évêques et les prêtres sont les pasteurs des âmes. — 4. **Profèrent** des menaces : font entendre des menaces.

Questionnaire. — *Leçon.* — 267. Qu'arriva-t-il au mois de février 1848 ? — 268. Parlez de l'insurrection de juin 1848. — 269. Que devint Louis-Napoléon ?

Récit. — 1. Parlez de la révolte des ouvriers de Paris. — 2. Quel grand personnage se dévoua pour mettre fin à ces malheurs? — 3. Vers quel quartier s'avança l'archevêque? Que disait-il en marchant?—4. Que firent les insurgés à la vue de l'archevêque? — 5. Que devint le courageux prélat après avoir reçu sa blessure?

Devoir. — Mort de Mgr Affre.

88ᵉ LEÇON. — NAPOLÉON III

270. Napoléon III fit trois grandes guerres : la guerre de Crimée [1], la guerre d'Italie et la guerre contre la Prusse.

271. En 1855, dans la guerre de Crimée contre la Russie, les Français s'emparèrent de Sébastopol après un siège de onze mois. Dans celle d'Italie, en 1859, ils remportèrent sur les Autrichiens les victoires de Magenta et de Solférino.

272. En 1870, lorsque la guerre contre la Prusse éclata, nous n'étions malheureusement pas prêts. Nos braves soldats furent écrasés par le nombre, et Napoléon III capitula à Sedan. — La république fut alors proclamée en France pour la troisième fois.

La charge des zouaves pontificaux, à Loigny (1870).

RÉCIT. — La guerre contre la Prusse.

1. Au début de la guerre, *deux cent mille Français* avaient à combattre *six cent mille Prussiens*. Nos soldats étaient pleins de bravoure, mais ils n'étaient pas suffisamment armés.

2. Les désastres se succédèrent avec une épouvantable rapidité : *Mac-Mahon* fut vaincu près de **Reischoffen** [2]; *Bazaine* se fit bloquer dans **Metz** avec nos meilleures troupes;

Napoléon III se laissa cerner à **Sedan** et capitula avec quatre-vingt mille hommes.

3. Cette guerre ne fut pourtant pas sans gloire pour les Français : nos soldats s'étaient montrés héroïques à Reischoffen, autour de Metz et à Sedan. Les villes de Strasbourg, **Belfort**, Verdun, Paris et beaucoup d'autres opposèrent à l'ennemi une admirable résistance. *L'armée de la Loire* battit les Prussiens à **Coulmiers**[3] et marcha pour délivrer Paris assiégé ; elle fut repoussée à **Loigny**[4], malgré l'héroïsme des zouaves pontificaux[5].

4. La charge des zouaves pontificaux à Loigny est un des plus beaux épisodes[6] de cette guerre. Les Prussiens victorieux poussaient devant eux les Français. Le général de *Sonis* dit alors aux zouaves du pape : *Enfants, montrons aujourd'hui ce que peuvent des chrétiens!* Aussitôt l'étendard du Sacré-Cœur est déployé, et les trois cents volontaires s'élancent avec le général. Étonnés de tant de bravoure, les Prussiens reculent d'abord, mais ils reviennent bientôt plus nombreux, et les zouaves, écrasés par des masses d'ennemis, tombent presque tous sur le champ de bataille.

5. *L'armée du Nord* fut aussi battue après quelques avantages. Ainsi les armées de province ne purent débloquer la capitale ; après une héroïque résistance de quatre mois, les Parisiens, pressés par la famine, furent obligés de se rendre. La guerre était finie.

6. La France, vaincue et humiliée, paya la somme énorme de **cinq milliards**. Mais le sacrifice le plus douloureux pour les cœurs français fut de céder à l'Allemagne l'**Alsace** et une partie de la **Lorraine**.

Explication des mots.

1. **Crimée :** presqu'île au sud de la Russie. — 2. **Reischoffen :** village d'Alsace. — 3. **Coulmiers :** village du département du Loiret. — 4. **Loigny :** village du département d'Eure-et-Loir. — 5. **Zouaves pontificaux :** soldats volontaires qui avaient défendu le pape Pie IX contre les révolutionnaires italiens. — 6. **Épisode :** fait qui se rattache à un autre plus important.

Questionnaire. — *Leçon.* — 270. Quelles furent les guerres de Napoléon III ? — 271. Que savez-vous des guerres de Crimée et d'Italie ? — 272. Que savez-vous de la guerre de 1870.

Récit. — 1. Parlez de la force des Français au début de la guerre. — 2. Quels furent nos principaux désastres ? — 3. Cette guerre fut-elle sans gloire pour nous ? — 4. Racontez la charge des zouaves pontificaux. — 5. Que savez-vous du siège de Paris ? — 6. Quelles furent les conditions de paix ?

Devoir. — Charge des zouaves à Loigny.

89e LEÇON. — LA TROISIÈME RÉPUBLIQUE

273. La guerre contre la Prusse était à peine terminée, que l'insurrection de la Commune éclata dans Paris. Mac-Mahon assiégea la capitale et il vainquit les communards[1] après une bataille de sept jours dans les rues de la ville.

274. En 1875, le gouvernement républicain fut organisé dans notre pays. Les pouvoirs sont partagés entre le président de la République, le Sénat et la Chambre des députés.

275. Depuis 1871, la France a refait son armée, perfectionné son armement militaire. Elle a aussi entrepris les glorieuses expéditions de la Tunisie, du Tonkin, du Dahomey et de Madagascar, qui lui assurent un vaste empire colonial.

276. L'expédition de Tunisie a eu lieu en 1881, pour châtier les tribus pillardes qui ravageaient notre frontière algérienne.

Prise de Sontay, par l'amiral Courbet, en 1883.

RÉCIT. — L'amiral Courbet.

1. En 1883, l'expédition du **Tonkin** avait pour chef l'amiral **Courbet.** Sévère et bon pour les marins, qu'il appelait ses *braves enfants*, prudent[2] et audacieux dans les combats, l'amiral Courbet possédait toutes les qualités d'un grand guerrier.

2. La prise de **Sontay** est un de ses plus beaux faits d'armes. Avant de commencer l'attaque, il alla lui-même, sous une grêle de balles, reconnaître les fortifications de la place. Elles étaient formidables, mais Courbet comptait sur ses braves et sur Dieu. *Nous ferons de notre mieux*, dit-il, *la Providence[3] fera le reste.*

3. Pour diriger l'assaut, il monta sur une petite hauteur dominant la ville. Au signal donné, nos soldats se précipitent au pas de charge, en criant : *Vive la France!* Ils passent devant l'amiral, qui les salue avec émotion et répète à plusieurs reprises : *Oh! les braves gens!* Une demi-heure après, nous étions maîtres de la place.

4. Courbet remporta ensuite les victoires navales de **Fou-Tchéou**, de **Formose**, des îles **Pescadores**, et il força la Chine à nous abandonner le **Tonkin.**

5. Le héros de Sontay n'eut pas le bonheur de revoir la France, qu'il aimait tant. Épuisé par le climat et les fatigues de la campagne, il mourut en chrétien à bord[4] du vaisseau-amiral[5] le *Bayard* (11 juin 1885).

6. Les officiers et les marins pleurèrent le vaillant chef qui les avait tant de fois conduits à la victoire, et qui avait relevé l'honneur de la France.

Explication des mots.

1. **Communards** : nom donné aux révolutionnaires insurgés, parce que l'assemblée de leurs chefs avait pris le nom de *commune* de Paris. — 2. **Prudent** : qui n'expose pas inutilement ses soldats et sait éviter les pièges de l'ennemi. — 3. La **Providence** : Dieu dirigeant les affaires humaines. — 4. **A bord** : sur le vaisseau. — 5. **Vaisseau-amiral** : vaisseau monté par l'amiral.

Questionnaire. — *Leçon.* — 273. Qu'arriva-t-il à Paris après la guerre contre la Prusse? — 274. Quand et comment le gouvernement républicain a-t-il été organisé en France? — 275. Au point de vue militaire, qu'a fait la France depuis 1871? — 176. Quand et pourquoi a-t-on fait l'expédition de Tunisie?

Récit. — Parlez de l'amiral Courbet, de ses victoires au Tonkin et de sa mort.

Devoir. — Prise de Sontay, par l'amiral Courbet.

90ᵉ LEÇON. — LA TROISIÈME RÉPUBLIQUE (*Suite*).

277. En 1889, une loi réduisit à trois ans la durée du service militaire et l'imposa à tous les Français.

278. L'expédition du Dahomey a eu lieu en 1892. Trois mois ont suffi au général Dodds pour soumettre ce petit royaume, célèbre par la cruauté de ses habitants. — La campagne de Madagascar s'est faite en 1895, sous la conduite du général Duchesne.

279. Depuis 1871, la république a eu pour présidents, MM. Thiers, Mac-Mahon, Grévy et Carnot. Ce dernier est mort à Lyon, assassiné par un anarchiste italien. Il a été remplacé par M. Casimir-Périer en 1894, et celui-ci par M. Félix Faure, en 1895.

Bombardement de Tamatave par la flotte française.

RÉCIT. — L'expédition de Madagascar.

1. En 1883, nos marins avaient bombardé Tamatave [1], pour défendre les droits de la France à Madagascar. Peu après, la nouvelle reine et le premier ministre conti-

nuèrent de favoriser les Anglais à nos dépens, et laissèrent maltraiter les Français établis dans l'île. Une expédition fut alors résolue contre Madagascar.

2. Le corps expéditionnaire débarqua à Majunga [2]; en mai 1895, il se mit en marche vers *Tananarive,* capitale de la grande île africaine.

3. La campagne qui commençait offrait de grandes difficultés. Pour tout chemin, nos soldats ne trouvaient devant eux qu'un étroit sentier. Ils furent donc obligés, sous un soleil de feu, d'ouvrir une route de plus de quatre cents kilomètres, à travers d'épaisses forêts, des collines escarpées, des vallées marécageuses.

4. A Suberbieville, à Andriba et sur plusieurs autres points les Hovas [3] essayèrent d'arrêter nos colonnes. On les mit en déroute au cri de *Vive la France!*

5. Un autre ennemi fut bien plus redoutable pour nos jeunes soldats : c'était la fièvre. Elle fit un grand nombre de victimes. Elle en eût fait davantage encore sans le dévouement des chefs : les officiers prenaient soin de leurs soldats comme s'ils eussent été leurs frères.

6. Au bout de cinq mois d'héroïques efforts, on arriva enfin près de Tananarive, *la ville aux mille villages.* Après un court bombardement, quelques bataillons allaient donner l'assaut, lorsque des officiers virent qu'on arborait le drapeau blanc sur le palais de la reine. Tananarive se rendait. Une nouvelle colonie était conquise à la France.

Explication des mots.

1. **Tamatave** : seconde ville de Madagascar, et premier port de l'île, sur la côte orientale. — 2. **Majunga** : port, sur la côte occidentale. — 3. **Hovas** : Madagascar est habitée par deux peuples principaux, les Hovas et les Malgaches.

Questionnaire. — *Leçon.* — 277. Que savez-vous de la loi militaire de 1889? — 278. A quelle époque et sous quels chefs ont eu lieu les expéditions du Dahomey et de Madagascar? —

279. Quels ont été les présidents de la République depuis 1871? Quel est le président actuel?

Récit. — Racontez l'expédition de Madagascar.

Devoir. — Racontez la marche des Français vers Tananarive et la prise de cette ville.

RÉSUMÉ CHRONOLOGIQUE

LES GAULOIS ET LES FRANCS

Avant J.-C.

600. — Expédition des Gaulois en Orient et en Italie. — Fondation de Marseille.

390. — Prise de Rome par les Gaulois. — Brennus.

58 à 51. — Conquête de la Gaule par César. — Vercingétorix.

Après J.-C.

312. — Conversion de Constantin. — Fin des persécutions contre les chrétiens.

406. — Les Wisigoths et les Burgondes passent le Rhin.

420. — Les Francs commencent à s'établir en Gaule.

451. — Défaite d'Attila. — Mérovée.

481-511. — Clovis.

486. — Victoire de Soissons.

496. — Victoire de Tolbiac. — Baptême de Clovis.

507. — Victoire de Vouillé.

628-638. — Dagobert.

638-752. — Les rois fainéants. — Les maires du palais.

732. — Victoire de Charles Martel à Poitiers.

752-768. — Pépin le Bref.

755. — Fondation du pouvoir temporel des papes.

768-814. — Charlemagne.

800. — Charlemagne empereur.

814-840. — Louis le Débonnaire.

843. — Traité de Verdun.

LA FÉODALITÉ

885. — Siège de Paris par les Normands. — Eudes.

912. — Établissement des Normands en France.

987. — Hugues Capet.

1040. — Trêve de Dieu. — Chevalerie.

1095. — Concile de Clermont.

1096. — Première croisade.

1099. — Prise de Jérusalem.

1108-1137. — Louis VI le Gros. — Les Communes.

1137-1180. — Louis VII.

1147. — Deuxième croisade.

1180-1223. — Philippe-Auguste.

1189. — Troisième croisade.

1214. — Victoire de Bouvines.

1226-1270. — Saint Louis.

1248. — Croisade de saint Louis en Égypte.

1270. — Croisade de saint Louis à Tunis.

1302. — Premiers états généraux.

1314. — Mort de Philippe le Bel.

1337. — Commencement de la guerre de Cent ans.

1346. — Défaite de Philippe VI à Crécy.
1347. — Prise de Calais par Édouard III.
1356. — Défaite de Jean le Bon à Poitiers.
1364-1380. — Charles V. — Du Guesclin.
1392. — Charles VI est atteint de démence.
1415. — Défaite d'Azincourt.
1422-1461. — Charles VII.
1429. — Jeanne d'Arc délivre Orléans. — Sacre de Charles VII.
1431. — Martyre de Jeanne d'Arc.
1453. — Fin de la guerre de Cent ans.

LES TEMPS MODERNES — PUISSANCE DE LA MONARCHIE

1461-1483. — Louis XI.
1436. — Gutenberg invente l'imprimerie.
1483-1498. — Charles VIII.
1492. — Christophe Colomb découvre l'Amérique.
1498-1515. — Louis XII.
1515-1547. — François Ier.
1515. — Victoire de Marignan.
1525. — Défaite de Pavie.
1524. — Mort de Bayard.
1525. — Jacques Cartier découvre le Canada.
1544. — Victoire de Cérisoles.
1552. — Conquête des trois évêchés : Metz, Toul et **Verdun**.
1558. — Reprise de Calais.
1572. — La Saint-Barthélemy.
1589-1610. — Henri IV.
1590. — Bataille d'Ivry. — **Siège de Paris**.
1610-1643. — Louis XIII.
1624. — Richelieu ministre.
1628. — Prise de la Rochelle.
1643-1715. — Louis XIV. — Mazarin.
1643. — Victoire de Rocroi. — Condé.
1648. — Traité de Westphalie qui termine la guerre de
      Trente ans, et nous donne l'Alsace.
1648. — Guerre de la Fronde.
1661. — Mort de Mazarin. — Louis XIV gouverne par lui-
      même. — Colbert. — Louvois.
1675. — Mort de Turenne.
1678. — Paix de Nimègue.
1700. — Guerre de la succession d'Espagne.
1709. — Hiver terrible.
1712. — Victoire de Villars à Denain.
1715-1774. — Louis XV.
1745. — Victoire de Fontenoy.
1757. — Défaite de Rosbach.
1766. — Réunion de la Lorraine à la France.
1768. — Gênes cède la Corse à la France.

LA RÉVOLUTION ET L'ÉPOQUE CONTEMPORAINE

1774-1793. — Louis XVI.
1789. — Réunion des états généraux. — La Constituante.
1789, 14 juillet. — Prise de la Bastille.

1791. — La Législative.

1792-1795. — La Convention.

    1792, 22 septembre. — Proclamation de la République.

    1793, 21 janvier. — Mort de Louis XVI.

    1793. — Guerre de Vendée. — Coalition de l'Europe.

    1794. — Victoire de Fleurus.

1795-1799. — Le Directoire.

    1796. — Campagne de Bonaparte en Italie.

    1797. — Traité de Campo-Formio.

    1798. — Expédition d'Égypte.

1799-1804. — Le Consulat.

    1800. — Victoire de Marengo.

    1804. — Napoléon empereur. — Il est sacré par le pape.

    1805. — Victoire d'Austerlitz.

    1806. — Guerre de Prusse. —Victoires d'Iéna et d'Auerstædt.

    1807. — Victoires d'Eylau et de Friedland sur les Russes.

    1808. — Guerre d'Espagne.

    1809. — Le pape est amené prisonnier en France.

    1812. — Campagne de Russie. — La Moskowa, Moscou.
        — Désastreuse retraite.

    1813. — Défaite de Leipzig.

    1814. — Invasion de la France. — Capitulation de Paris. —
        Napoléon à l'île d'Elbe.

    1815. — Retour de Napoléon. — Les Cent-Jours. —Waterloo.

    1821. — Mort de Napoléon à Sainte-Hélène.

1815-1830. — La Restauration. — Louis XVIII. — Charles X.

    1830. — Prise d'Alger.

    1830. — Révolution de Juillet. — Chute de Charles X. —
        Avènement de Louis-Philippe. — Casimir Périer.
        — Thiers. — Guizot.

    1837. — Prise de Constantine.

    1848. — Révolution de Février. — Chute de Louis-Philippe.
        — Seconde République.

    1852. — Napoléon III, empereur.

    1855. — Guerre de Crimée. — Sébastopol.

    1859. — Guerre d'Italie. — Magenta, Solférino.

    1870. — Guerre contre la Prusse. — Reischoffen. — Borny.
        — Gravelotte. — Saint-Privat. — Sedan. — Troi-
        sième République. — Siège de Paris. — Stras-
        bourg. — Metz. — Belfort.— Coulmiers. — Loigny.

    1871. — Traité de Francfort. — Indemnité de cinq milliards
        et cession à l'Allemagne de l'Alsace et d'une partie
        de la Lorraine. — Thiers, président.

    1873. — Mac-Mahon, président.

    1875, 25 février. — Loi organisant la République en France.

    1879. — Jules Grévy, président.

    1881. — Expédition de Tunisie.

    1883. — Guerre du Tonkin. — L'amiral Courbet.

    1887. — Carnot, président.

    1889. — Loi militaire fixant la durée du service à trois ans.

    1892. — Expédition du Dahomey.

    1894. — Casimir-Périer, président.

    1895. — Félix Faure, président.

    1895. — Expédition de Madagascar.

TABLE DES MATIÈRES

29 561. — Tours, impr. Mame.

www.ingramcontent.com/pod-product-compliance
Lightning Source LLC
Chambersburg PA
CBHW070410090426
42733CB00009B/1615